MATEMÁTICA

Daniela Padovan
Mestre em Educação e licenciada em Pedagogia pela Faculdade de Educação da Universidade de São Paulo (FEUSP)
Coordenadora Pedagógica de Educação Infantil e Ensino Fundamental

Isabel Cristina Guerra
Formada em Psicologia pela Universidade São Marcos
Professora do Ensino Fundamental
Autora de Livros Didáticos e de Literatura Infantil

Ivonildes Milan
Licenciada em Pedagogia pelas Faculdades Tibiriçá
Coordenadora Pedagógico-Educacional e Assessora Pedagógica do Ensino Infantil e Fundamental

ENSINO FUNDAMENTAL **4º ANO**

ISBN 978-85-02-07460-6
ISBN 978-85-02-07461-3 (Livro do Professor)

Projeto Prosa Matemática (Ensino Fundamental) – 4° ano
© Daniela Padovan. Isabel Cristina Guerra, Ivonildes Milan, 2008
Direitos desta edição:
SARAIVA S. A. – Livreiros Editores, São Paulo, 2008
Todos os direitos reservados

Gerente editorial	Marcelo Arantes
Editor	Silvana Rossi Júlio
Editor-assistente	Viviane de L. Carpegiani Tarraf
Assistente editorial	Mirian Martins Pereira
Coordenador de revisão	Camila Christi Gazzani
Revisores	Lucia Scoss Nicolai (enc.), Elaine Azevedo Pinto, Fernando Cardoso Guimarães, Renata Palermo
Assistente de produção editorial	Rachel Lopes Corradini
Pesquisa iconográfica	Cristina Akisino (coord.)
Gerente de arte	Nair de Medeiros Barbosa
Coordenador de arte	Vagner Castro dos Santos
Assistente de produção	Grace Alves
Projeto gráfico e Capa	Homem de Melo & Troia Design
Imagem de Capa	Emiliano Martinelli/ Albany Estúdio
	Jogo de desafio com figuras geométricas que formam uma estrela, produzido em madeira
Ilustrações	Alberto de Stefano, Ari Nicolosi, Céllus, Edde Wagner, Eduardo Borges, Eliana Delarissa, Estúdio Arena, Fernando Monteiro, Jesus Dias, Lie Kobayashi, Marcelo Matins, Marcia Misawa, Marcos Guilherme, Nid Arts, Ribeiro, Weberson Santiago, Wilma Chiarelli
Diagramação	SETUP Bureau, Zapt Editora
Impressão e Acabamento	Prol Gráfica

Dados Internacionais de Catalogação na Publicação (CIP)
(Câmara Brasileira do Livro, SP, Brasil)

Padovan, Daniela
 Projeto prosa : matemática : ensino fundamental, 4º ano / Daniela Padovan, Isabel Cristina Guerra, Ivonildes Milan. — 1. ed. — São Paulo : Saraiva, 2008.

 Suplementado pelo manual do professor.
 ISBN 978-85-02-07460-6 (aluno)
 ISBN 978-85-02-07461-3 (professor)

 1. Matemática (Ensino fundamental) I. Guerra, Isabel Cristina. II. Milan, Ivonildes.III. Título.

08-07976   CDD-372.7

Índices para catálogo sistemático:
1. Matemática : Ensino fundamental 372.7

Impresso no Brasil
3 4 5 6 7 8 9 10

Esta obra está em conformidade com as novas regras do Acordo Ortográfico da Língua Portuguesa, assinado em Lisboa, em 16 de dezembro de 1990, e aprovado pelo Decreto Legislativo nº 54, de 18 de abril de 1995, publicado no *Diário Oficial da União* em 20/04/1995 (Seção I, p. 5585).

O material de publicidade e propaganda reproduzido nesta obra está sendo utilizado apenas para fins didáticos, não representando qualquer tipo de recomendação de produtos ou empresas por parte do(s) autor(es) e da editora.

2009

R. Henrique Schaumann, 270 – CEP 05413-010 – Pinheiros – São Paulo – SP
Tel.: PABX (0**11) 3613-3000 – Fax: (0**11) 3611-3308
Televendas: (0**11) 3616-3666 – Fax Vendas: (0**11) 3611-3268
Atendimento ao professor: (0**11) 3613-3030 Grande São Paulo – 0800-0117875 Demais localidades
Endereço Internet: www.editorasaraiva.com.br – E-mail: atendprof.didatico@editorasaraiva.com.br

Conheça a organização do seu livro

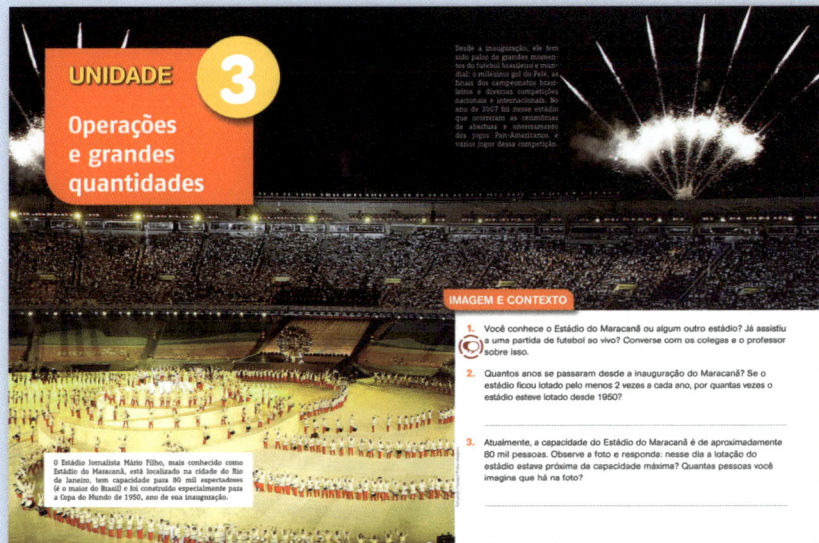

Unidades

Seu livro tem oito unidades. As aberturas das unidades trazem imagens que introduzem o trabalho a ser desenvolvido.

Na seção IMAGEM E CONTEXTO, você vai ser convidado a observar os elementos da imagem e relacioná-los com seus conhecimentos sobre o tema ou com o seu dia-a-dia.

Lições

As lições exploram e desenvolvem os conteúdos e conceitos estudados.
Em cada lição você desenvolve atividades variadas, escritas e orais, em dupla com um colega ou em grupo.

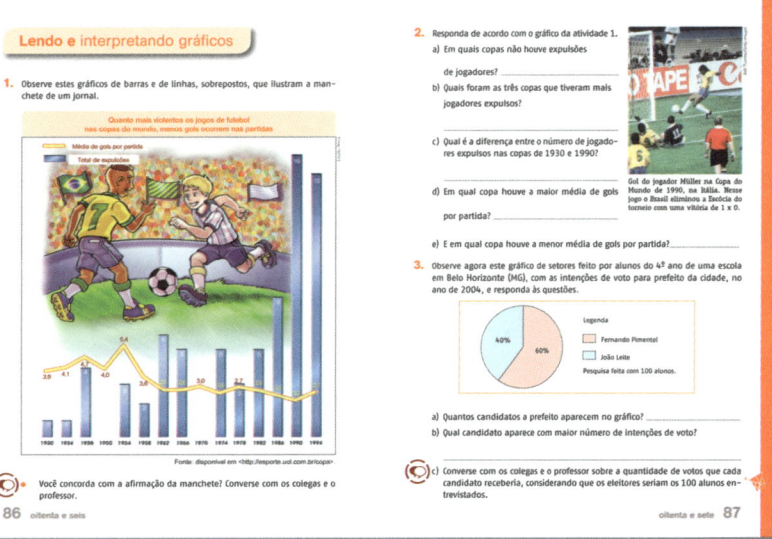

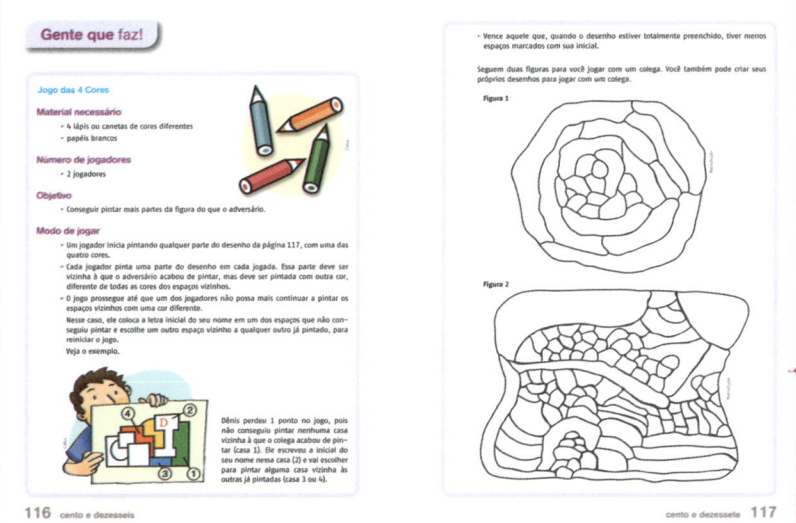

Gente que faz!

Nesta seção você vai pôr em prática o que aprendeu. Jogos e outros desafios vão mostrar sua criatividade e habilidade.

Conheça a organização do seu livro

Rede de Ideias

As atividades propostas vão ajudá-lo a retomar as principais ideias do que você trabalhou na unidade.

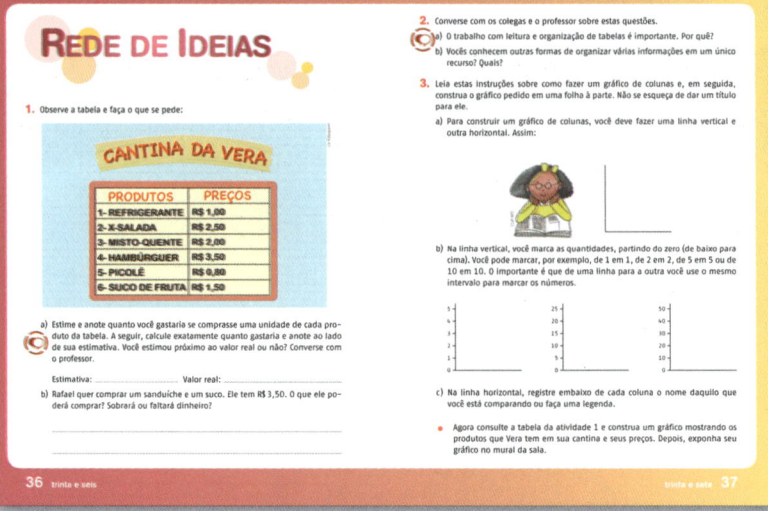

Convivência

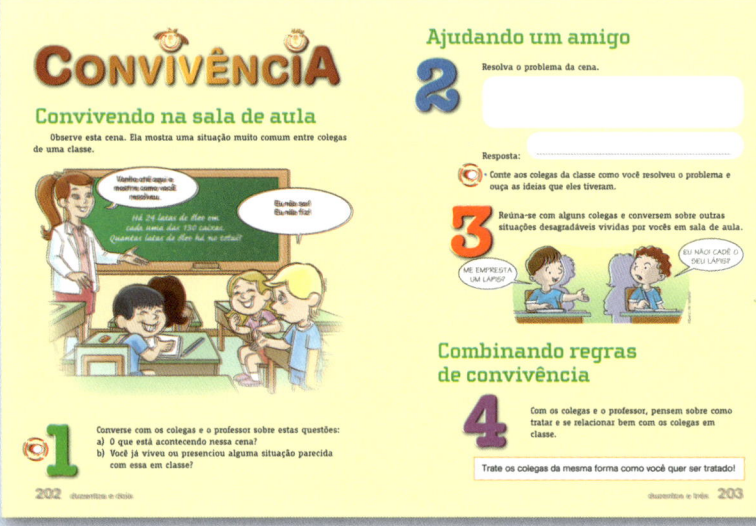

Quatro das oito unidades terminam com esta seção. É o momento de refletir sobre valores e atitudes que vão contribuir para você se tornar um cidadão consciente e participante.

Organizadores

Ao longo do livro você vai ser convidado a realizar várias atividades. Em algumas delas, fique atento para as orientações com ícones.

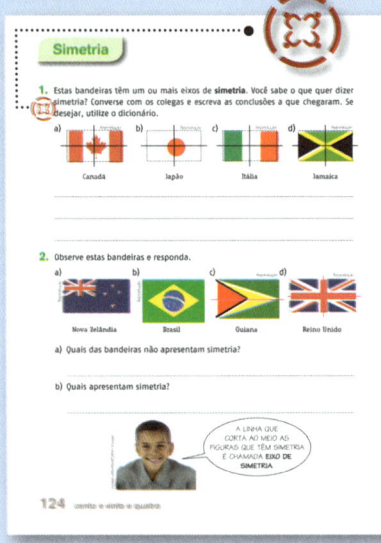

Conheça os significados dos ícones:

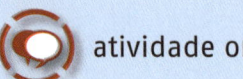 atividade oral

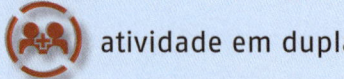 atividade em dupla

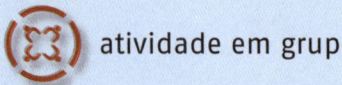 atividade em grupo

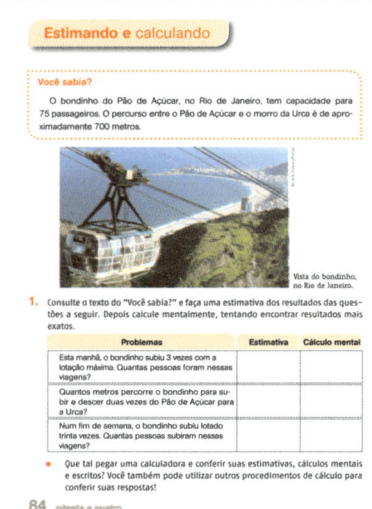

Você sabia?
Neste boxe você encontra curiosidades e definições sobre conteúdos da Matemática.

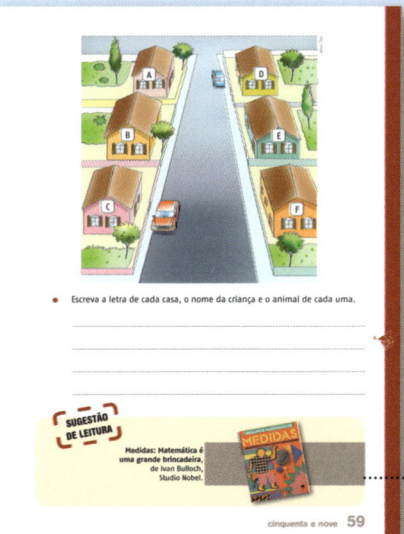

Sugestão de leitura:
As unidades trazem sugestões de leitura, com a indicação de livros que permitem enriquecer os assuntos abordados.

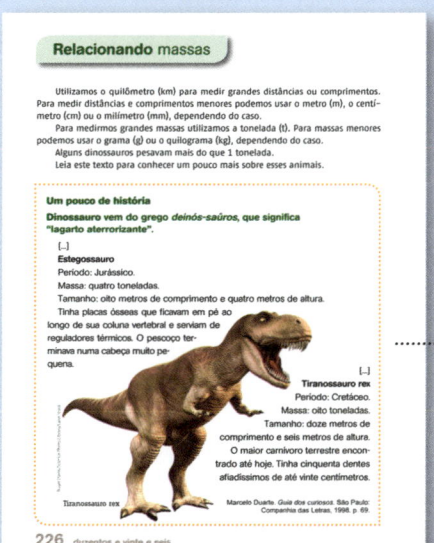

Boxes:
Ao longo do livro, você encontra boxes especiais onde são apresentados textos complementares sobre os conteúdos estudados.

Sumário

Unidade 1 — Números e quantidades — 8

- Números e quantidades 10
- Criando e resolvendo problemas 12
- Noção de quantidade 14
- Material Dourado 16
- Números e algarismos 18
- **Gente que faz! – Jogo de Valor-Lugar** **19**
- Explorando uma tabela 20
- Diferentes formas de calcular 22
- Calculando e comparando 24
- Calculando quantidades 26
- O dinheiro 28
- Compondo e calculando valores 30
- Conhecendo e usando cheques e dinheiro 32
- Problemas com dinheiro 34
- **Rede de Ideias** **36**

Unidade 2 — Localização no espaço — 38

- Explorando o espaço da escola 40
- Encontrando pontos de referência 42
- Outros mapas 44
- Descobrindo medidas 46
- Interpretando gráficos 48
- Números do Brasil 50
- Sistema de numeração romano 52
- Sistema de numeração egípcio 54
- Refletindo sobre os números 56
- Dois desafios para você 58
- **Gente que faz! – Jogo Batalha Naval** **60**
- **Rede de Ideias** **62**
- **Convivência** **64**
- Você sabe o nome deste conjunto musical?

Unidade 3 — Operações e grandes quantidades — 66

- Comparando áreas e populações 68
- Quantos habitantes? 70
- Relacionando quantidades 72
- Somar ou multiplicar? 74
- Outros jeitos de resolver problemas de multiplicação 76
- **Gente que faz! – Jogo das 3 Operações** **78**
- Algoritmos da multiplicação 80
- Corrigindo multiplicações 82
- Estimando e calculando 84
- Lendo e interpretando gráficos 86
- Explorando as quatro operações 88
- Usando as quatro operações 90
- Resolvendo e inventando problemas 92
- **Rede de Ideias** **94**

Unidade 4 — Sólidos geométricos e medidas — 96

- Ampliando conhecimentos sobre dinheiro 98
- Mexendo com dinheiro 100
- Nota fiscal e problemas com dinheiro 102
- Medindo o tempo 104
- Anúncios e horas 106
- Marcando e calculando horas 108
- **Gente que faz! – Batalha de Multiplicação** **109**
- Figuras planas nos sólidos geométricos 110
- Estimativas, cálculo mental e cálculo escrito 112
- Pintando com quatro cores 114
- **Gente que faz! – Jogo das 4 Cores** **116**
- **Rede de Ideias** **118**
- **Convivência** **120**
- Consumindo com cuidado

Unidade 5 — Simetria — 122

- Simetria 124
- Dobradura simétrica 126
- Desenhos em malhas 128
- Os polígonos na arte 130
- Tabuadas 132
- Multiplicando 134
- Desafio com operações 136
- Diferentes jeitos de resolver divisões 138
- Resolvendo problemas 140
- Sugestões para a resolução de problemas . 142

Gente que faz! – Desafio dos Números 144

Rede de Ideias 146

Convivência 148
Há crianças que trabalham

Unidade 6 — Frações — 150

- Conhecendo as frações 152
- Cálculo e representação de números em forma de frações ... 154
- Explorando as frações 156
- Representando frações 158
- Medindo massas 160
- Problemas com medida de massa 162
- Quanto tempo? 164
- Gráficos, textos e tabelas 166
- Medidas de comprimento 168
- Medindo distâncias 170
- Calculando preços e parcelas 172

Gente que faz! – Jogo dos Vizinhos 174

Rede de Ideias 176

Unidade 7 — Medidas e operações — 178

- Explorando um bairro 180
- Problemas à vista 182
- Outros jeitos de resolver uma divisão 184
- Qual é o número? 186
- Multiplicação com 2 algarismos 188
- Oficina de frações 190
- Problemas com frações 192

Gente que faz! – Jogo Batalha de Frações ... 194
- Contado e operando 196

Rede de Ideias 200

Convivência 202
Convivendo na sala de aula

Unidade 8 — Multiplicação e divisão — 204

- As quatro operações 206
- Desafio com as quatro operações 208
- Onde está o erro? 210
- Desenhos e representações numéricas 212
- Dividindo em partes iguais 214
- Frações que representam partes de quantidades ... 216
- Números vizinhos e sentenças matemáticas ... 218
- De olho no dinheiro 220
- Dinheiro: juntando e gastando 222
- Ganhos e gastos 224
- Relacionando massas 226
- Conhecendo outras medidas 228
- Medindo comprimentos 230
- Descobrindo figuras geométricas 232
- Conhecendo o jogo de xadrez 234
- As peças do xadrez 236

Gente que faz! – Jogo de xadrez 237

Rede de Ideias 238

UNIDADE 1
Números e quantidades

Feira de artesanato em Caruaru, Pernambuco.

IMAGEM E CONTEXTO

1. Você já foi a uma feira de artesanato? Converse com os colegas e o professor e conte como era e o que havia nessa feira.

2. Resolva este problema e registre seus cálculos.
   Um artesão gasta cerca de R$ 4,00 com matéria-prima para produzir um chapéu. Qual é o ganho do artesão a cada 100 chapéus vendidos ao preço de R$ 10,00?

   Resposta: _____

Números e quantidades

1. Observe o quadro *Café*, de Cândido Portinari.

Café, de Cândido Portinari, 1935.

Você sabia?

Cândido Portinari nasceu em 1903, em Brodósqui, interior de São Paulo. Em suas obras retratou nosso país, usando diversas técnicas de pintura em temas como sua infância na fazenda, além de temas históricos e bíblicos, paisagens e pessoas. Pintou cerca de 5 mil obras. Faleceu em 1962, aos 59 anos.

- Observe a pintura de Portinari e estime a quantidade de pessoas que aparecem no quadro. Depois, conte quantas pessoas você consegue identificar e anote na tabela.

Quadro	Estimativa	Contagem
Café		

2. Observe o quadro *Operários*, de Tarsila do Amaral.

Operários, de Tarsila do Amaral, 1933.

Você sabia?

Tarsila do Amaral nasceu em Capivari, interior de São Paulo, em 1886. Em suas obras, representava sua terra e sua gente, retratando paisagens, festas populares, pessoas humildes, santos e anjos. Morreu em 1973, aos 87 anos.

• Estime quantas pessoas aparecem no quadro. Depois, conte quantas são as pessoas e preencha a tabela com essas informações.

Quadro	Estimativa	Contagem

3. Formule um problema usando os elementos de um desses quadros e troque de livro com o colega para que um resolva o problema criado pelo outro.

_____
_____
_____

Resposta: _____ Resolvido por: _____

onze **11**

Criando e resolvendo problemas

1. Leia este texto e sublinhe todas as informações envolvendo números ou medidas que você encontrar.

> **Um pouco de história: banquete visual**
>
> Em São Paulo, a ótima mostra *DA ANTROPOFAGIA A BRASÍLIA: BRASIL 1920-1950* repensa o Modernismo.
>
> Um amplo painel das diversas manifestações artísticas acontecidas no País na primeira metade do século XX foi esplendidamente traçado por meio de 527 obras na exposição que o Museu de Arte Brasileira [...] abriga sob o título *Da antropofagia a Brasília: Brasil 1920-1950*.
>
> A bela mostra é a mesma que esteve em cartaz na Espanha há dois anos, de outubro de 2000 a janeiro de 2001 [...]. Distribuído em dez salas, o conjunto de peças — telas, esculturas, desenhos, fotos, livros, filmes, documentos, roupas [...] — busca captar o processo de implantação do Modernismo no Brasil, desde os anos imediatamente anteriores à Semana de Arte Moderna de 1922 até a construção de Brasília [...] o catálogo de 638 páginas [...] é um daqueles livros imprescindíveis na estante dos interessados no assunto, apesar do preço salgado de R$ 340,00. Quem adquirir pelo *site* da editora paga "apenas" R$ 204,00 [...]
>
> Ivan Claudio. Banquete visual. *IstoÉ*, São Paulo, n. 1731, p. 100-102, 4 dez. 2002.

2. Formule um problema com as informações que você sublinhou na atividade 1 e dê para um colega resolver.

_____

_____

_____

Resposta: _____

Resolvido por: _____

3. Observe estes cálculos, feitos por alguns alunos de um quarto ano, para resolver problemas criados a partir do texto da atividade 1. Imagine e escreva os problemas que podem ter sido criados para cada um dos cálculos feitos.

Cálculo	Problema
$\overset{3\,\,10}{3\cancel{4}\cancel{0}}$ -204 $\overline{136}$	_____
$527\,\vert\underline{10}$ $-50\,\,\vert\,52$ $\overline{27}$ -20 $\overline{7}$	_____

4. Nesta atividade você encontrará dois cálculos e duas situações-problema. Junte-se a um colega e procurem descobrir qual é o cálculo que responde a cada um dos problemas.

Cálculo 1	Cálculo 2
R$ 340 × 4 R$ 1360	R$ 204 × 4 R$ 816

a) Vagner gosta muito de usar o computador para comprar produtos pela internet. Ele comprou 4 catálogos citados no texto da página 12 ao preço de R$ 204,00. Quanto gastou em sua compra?

Cálculo: _____

b) Vera comprou 4 catálogos na própria mostra, a R$ 340,00 cada um. Quanto gastou no total?

Cálculo: _____

Noção de quantidade

1. Alguns animais, assim como o ser humano, têm a capacidade de perceber visualmente pequenas quantidades! Leia o texto a seguir para saber mais sobre isso.

Um pouco de história: o corvo que contava

[...]

Um castelão decidiu matar um corvo que fez seu ninho na torre do castelo. Já tentara várias vezes surpreender o pássaro, mas ao se aproximar o corvo deixava o ninho, instalava-se numa árvore próxima e só voltava quando o homem saía da torre. Um dia, o castelão recorreu a uma artimanha: fez entrar dois companheiros na torre. Instantes depois, um deles desaparecia, enquanto o outro ficava. Mas, em vez de cair nesse golpe, o corvo esperava a partida do segundo para voltar a seu lugar. Da próxima vez ele fez entrar três homens, dos quais dois se afastaram em seguida: o terceiro pôde então esperar a ocasião para pegar o corvo, mas a esperta ave se mostrou ainda mais paciente que ele. Nas tentativas seguintes, recomeçou-se a experiência com quatro homens, sempre sem resultado. Finalmente, o estratagema teve sucesso com cinco pessoas, pois nosso corvo não conseguia reconhecer mais de quatro homens [...]

Georges Ifrah. *Os números: história de uma grande invenção.* São Paulo: Globo, 1996. p. 20.

2. Conte rapidamente as bolinhas de cada quadro e escreva quantas elas são e como você fez para contá-las.

_____
_____

_____
_____

3. Observe esta sala de aula.

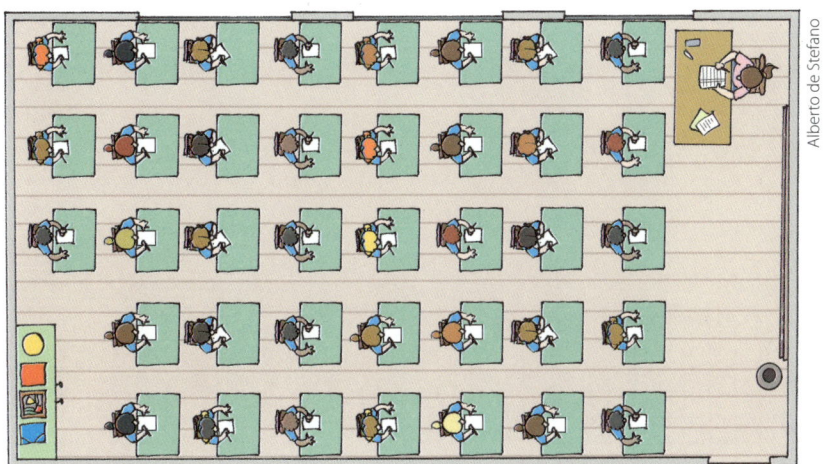

• Estime e responda.

a) Quantos alunos há nessa sala de aula? _____

b) Quantos alunos há em sua sala de aula? _____

c) Quantos alunos há em sua escola? _____

d) Quantas páginas tem este livro? _____

Material Dourado

1. Você sabe o significado das palavras **unidade**, **dezena**, **centena** e **milhar**? Converse sobre isso com os colegas e o professor.

Você conhece o **Material Dourado**? Ele é composto por objetos feitos, geralmente, de madeira ou de etileno-vinil-acetato (EVA) e é utilizado para representar quantidades, permitindo a realização de diversos cálculos de uma forma diferente.

Observe as peças que compõem o Material Dourado e a quantidade de unidades, dezenas e centenas que formam cada peça.

cubo pequeno

Representa 1 unidade

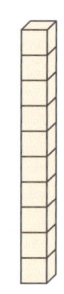

barra

Representa 10 unidades
ou 1 dezena

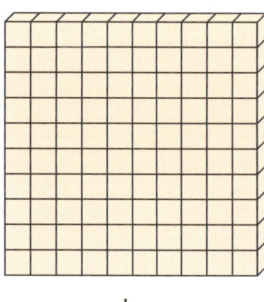

placa

Representa 100 unidades
ou 10 dezenas
ou 1 centena

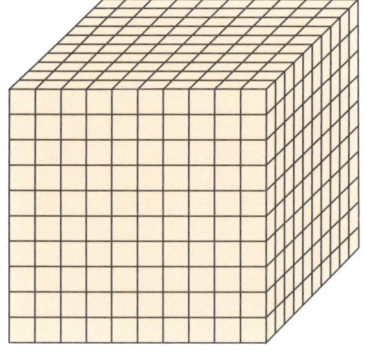

cubo grande

Representa 1000 unidades
ou 100 dezenas
ou 10 centenas
ou 1 unidade de milhar

2. Escreva no quadro a quantidade mínima de peças do Material Dourado necessárias para representar cada número. Anote quais são essas peças. Veja o exemplo.

1178	1 cubo grande, 1 placa, 7 barras e 8 cubos pequenos.
503	
2022	
1234	
305	

3. Escreva por extenso o número que está representado. Veja o modelo.

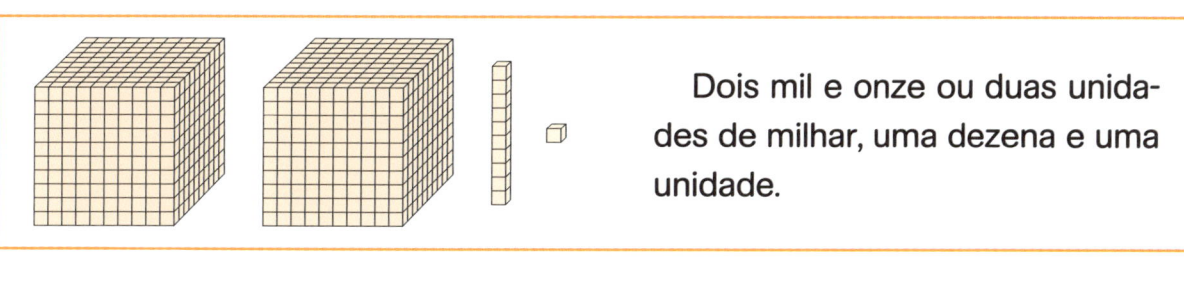

Dois mil e onze ou duas unidades de milhar, uma dezena e uma unidade.

a)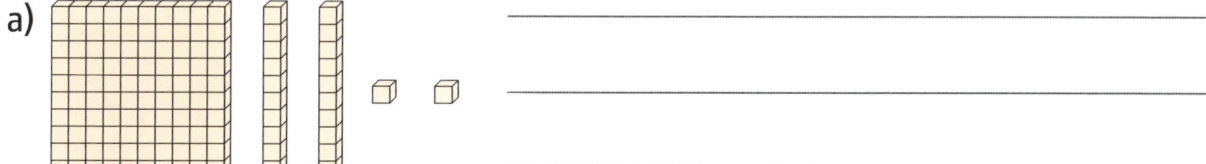

b)

c)

VOCÊ JÁ CONHECIA O **MATERIAL DOURADO**? É UM MATERIAL UTILIZADO PARA REPRESENTAR QUANTIDADES, PERMITINDO TAMBÉM A REALIZAÇÃO DE CÁLCULOS. ELE FOI CRIADO PELA ITALIANA MARIA MONTESSORI.

Números e algarismos

1. Observe as pistas dadas para cada pergunta, calcule e responda.

a) **JOÃO**

QUANTOS ATLETAS PARTICIPARAM DOS JOGOS OLÍMPICOS DE 2004, QUE OCORRERAM EM ATENAS, NA GRÉCIA?

O algarismo:
- da unidade é igual a 1 × 5.
- da dezena é igual a 6 ÷ 3.
- da centena é igual a 6 × 1.
- da unidade de milhar é igual a 1 × 0.
- da dezena de milhar é igual a 7 ÷ 7.

b) **TONINHO**

EM QUE ANO FOI ELEITO PELA PRIMEIRA VEZ O PRESIDENTE LUIZ INÁCIO LULA DA SILVA?

O algarismo:
- da unidade de milhar é igual a 12 ÷ 6.
- da centena é igual a 1 × 0.
- da dezena é igual a 0 × 9.
- da unidade é igual a 1 × 2.

c) **BIA**

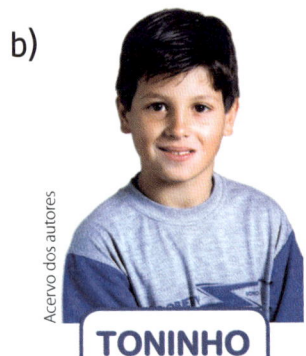

COM QUANTOS QUILOGRAMAS NASCE O FILHOTE DE BALEIA-JUBARTE?

O algarismo:
- da unidade de milhar é igual a 1 × 1.
- da centena é igual a 9 × 0.
- da dezena é igual a 0 × 1.
- da unidade é igual a 2 × 0.

Você sabia?

Na Antiguidade os gregos realizavam festivais esportivos em honra a Zeus (deus dos céus), no santuário de Olímpia. Foi daí que se originou o termo **olimpíada**.

Gente que faz!

Jogo de Valor-Lugar

Material

- 12 peças para jogar (podem ser botões, tampinhas, grãos de feijão ou outros)
- 4 copos de plástico
- fita crepe
- caneta e papel
- tabela da ficha 9 do material complementar

Fotografias: Fabio R. Marins

Número de jogadores

- de 2 a 4 jogadores

Preparação

- Use a fita crepe para etiquetar os copos com os valores unidades, dezenas, centenas e unidades de milhar.
- Com a fita crepe, pregue os copos pelo fundo, no chão ou na mesa, em ordem de valor.
- Cada jogador deve usar a tabela do material complementar para marcar os resultados.

Modo de jogar

- Decidam a que distância dos copos os jogadores devem ficar. Sugerimos entre um metro e um metro e meio.
- Cada jogador fica com as 12 peças para serem arremessadas nos copos. Ele deverá tentar arremessar 3 peças em cada copo, utilizando assim as 12 peças.
- Depois que cada jogador lançar suas peças, contará o número de peças que acertou em cada copo. Então, marcará nas colunas da tabela o número de peças acertadas. Desse modo, o número formado é o total de pontos ganhos.
- Depois que todos os jogadores tiverem jogado, compare os resultados da tabela. O jogador que formou o maior número ganha a rodada.
- Depois de várias rodadas, quem ganhou o maior número delas vence o jogo.

Explorando uma tabela

1. Simone construiu esta tabela para controlar o estoque de roupas da sua loja. Calcule as quantidades de cada tipo de roupa existente na loja e complete a tabela.

Tipo de roupa \ Tamanho	P	M	G	Total
pijamas	20	80	105	
saias	25	45		90
camisetas		125	158	393
calças	125		109	374

2. Observe a tabela da atividade 1, calcule e responda.

a) Há quantas peças de roupa tamanho P? _____

b) Quantas peças tamanho M? _____

c) Quantas peças tamanho G? _____

d) Qual o total de peças que Simone tem em sua loja? _____

e) Quantas peças há na loja, sem contar os pijamas? _____

3. Veja como Verinha registrou e explicou os cálculos que fez para descobrir o total de pijamas.

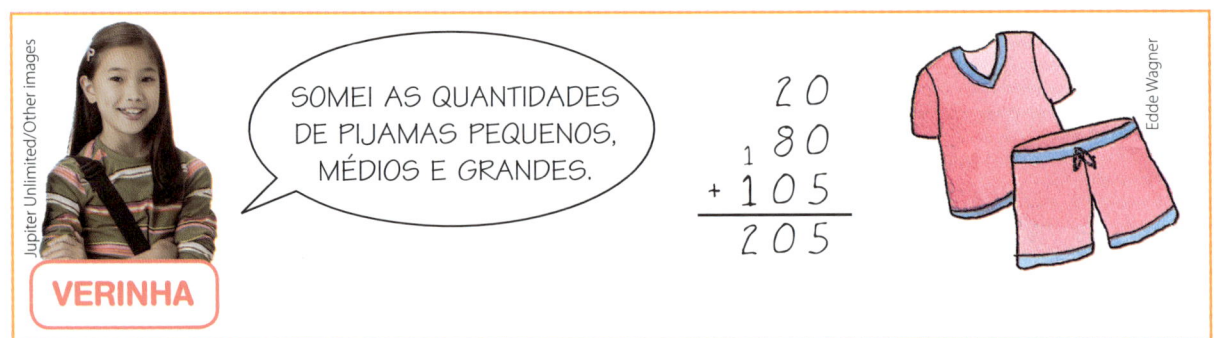

SOMEI AS QUANTIDADES DE PIJAMAS PEQUENOS, MÉDIOS E GRANDES.

VERINHA

```
   20
 1 80
+ 105
─────
  205
```

A forma como você calculou a quantidade total de pijamas foi igual à de Verinha? Converse com os colegas e o professor.

4. Simone guarda as peças de roupa de sua loja em gavetas que comportam 10 peças cada uma.

a) Quantas gavetas ela precisou para guardar as saias? _____

b) E para guardar as calças? _____

5. Se Simone resolvesse comprar mais peças de roupa para completar um estoque de 400 peças de cada tipo, quantas saias, calças, camisetas e pijamas precisaria comprar? Complete a tabela.

Peças	Pijamas	Saias	Camisetas	Calças
quantidades	205	90	393	374
quanto falta para completar 400				

6. Em um final de semana, Simone vendeu a metade da quantidade de saias e calças do estoque, um terço das camisetas e um quinto da quantidade de pijamas.

a) Quantas peças ela vendeu de cada tipo?

_____

_____

_____

b) Quantas peças sobraram de cada tipo?

_____

_____

_____

vinte e um **21**

Diferentes formas de calcular

1. Vamos relembrar como se trabalha com os algoritmos da adição e da subtração. Junte-se com um colega e tente descrever como os algoritmos funcionam.

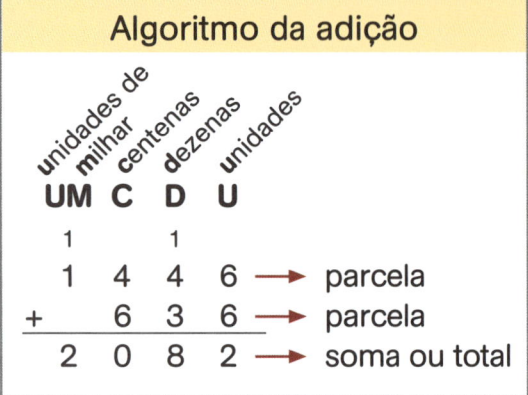
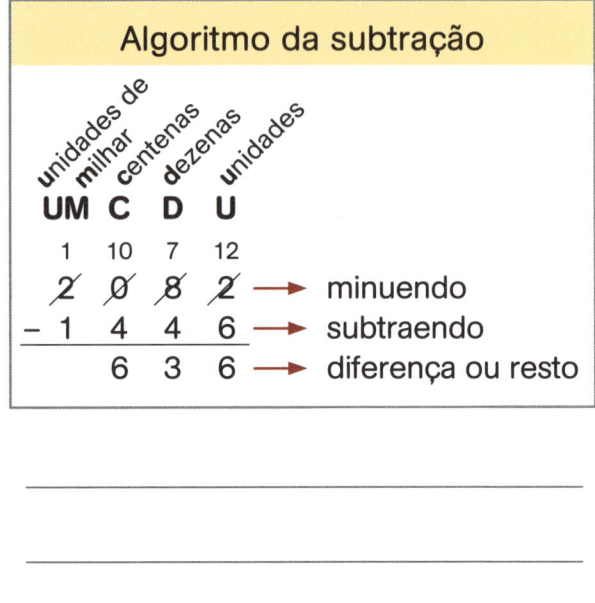

_____   _____

_____   _____

_____   _____

_____   _____

> Você observou que os números utilizados nos dois algoritmos são os mesmos? É que uma é a **operação inversa** da outra. Usando a operação inversa, podemos tirar a **prova real**, ou seja, conferir se o resultado de um cálculo está correto.

2. Veja como Verinha resolveu a operação: 1 969 + 247.

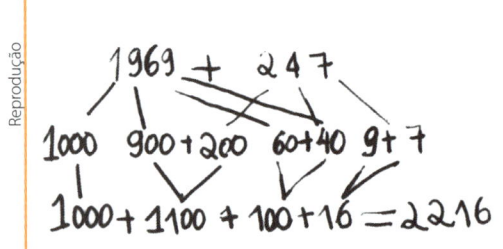

VERINHA

• Converse com os colegas e o professor sobre como ela pensou.

22 vinte e dois

3. Resolva estas operações em três etapas. Veja o exemplo.

PRIMEIRO, FAÇA UMA ESTIMATIVA DO RESULTADO DE CADA OPERAÇÃO E ANOTE AO LADO DA LETRA CORRESPONDENTE A CADA UMA.

JOÃO

DEPOIS, ARME UMA CONTA PARA RESOLVER CADA OPERAÇÃO, AO LADO DE CADA ESTIMATIVA FEITA.

BIA

FINALMENTE, FAÇA A PROVA REAL DE CADA OPERAÇÃO.

TONINHO

Operação	Estimativa	Algoritmo	Prova real
1909 − 374	1600	$\begin{array}{r} {}^{8\,10}\!1\cancel{9}\cancel{0}9 \\ -\ 374 \\ \hline 1535 \end{array}$	$\begin{array}{r} {}^{1}1535 \\ +\ 374 \\ \hline 1909 \end{array}$
8432 + 1050			
8000 − 497			
5252 + 1313			

- Suas estimativas se aproximaram dos resultados das operações? Como você as fez? Converse com os colegas e o professor sobre os procedimentos utilizados para estimar os resultados.

Calculando e comparando

1. Crie operações que resultem nos números indicados na cruzadinha.

a) _____   d) _____

b) _____   e) _____

c) _____   f) _____

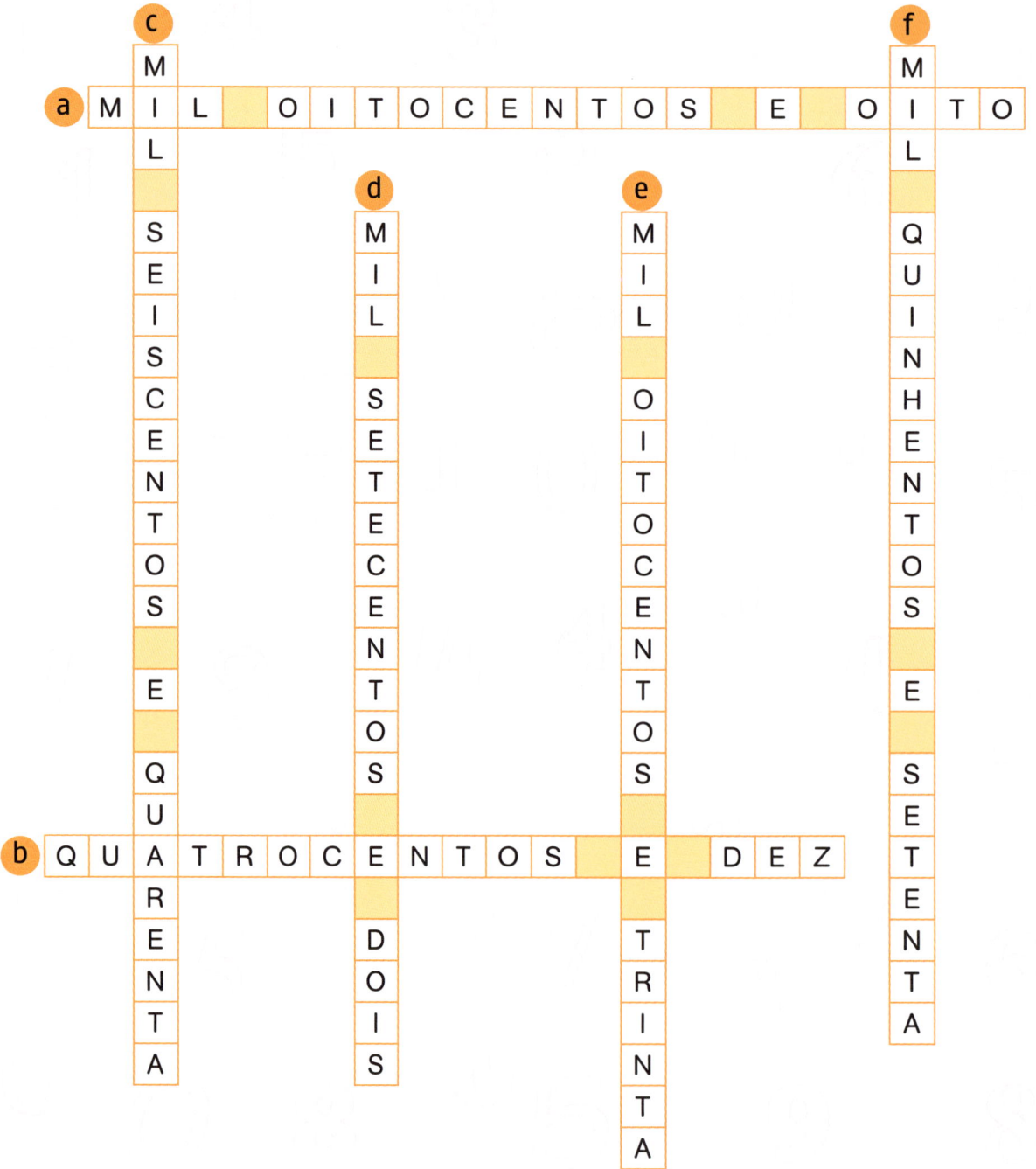

24 vinte e quatro

2. Invente duas operações diferentes que resultem em cada número desta tabela. Use como exemplo a forma como Verinha fez.

VERINHA

904 × 2 = 1808
1808
1250 + 558 = 1808

Número	1ª Operação	2ª Operação
500		
1 702		
2 850		
3 333		
4 015		
10 680		

 • Junte-se a alguns colegas e observe se eles usaram operações diferentes das que você usou, para chegar ao mesmo resultado.

3. Compare os cálculos de cada item e coloque entre as operações os sinais > (maior), < (menor) ou = (igual). Avalie os resultados de cada operação para decidir o sinal.

a) 1 000 ÷ 2   250 × 2   f) 5 × 3 × 6   6 × 15

b) 900 ÷ 3   900 ÷ 4   g) 2 500 × 2   1 000 × 5

c) 4 × 5 × 9   9 × 9   h) 4 370 × 0   4 370 × 1

d) 8 × 14   8 × 2 × 7   i) 125 × 3   125 × 4

e) 4 × 5 × 3   20 × 3   j) 4 370 × 0   2 160 × 0

Calculando quantidades

1. Veja como um aluno do quarto ano resolveu este problema.

> Meus primos compraram três caixas iguais com vinte e quatro queijos no total. Quantos queijos há em uma caixa? E em duas caixas? Calcule as quantidades de queijos, de uma a dez caixas.
>
> | Quantidade de caixas | 1 | 2 | 3 | 4 | 5 | 6 | 7 | 8 | 9 | 10 |
> |---|---|---|---|---|---|---|---|---|---|---|
> | Quantidade de queijos | 8 | 16 | 24 | 32 | 40 | 48 | 56 | 64 | 72 | 80 |

- O aluno resolveu o problema usando uma tabela. Procure resolver estes problemas utilizando estas tabelas.

a) Comprei quatro pacotes iguais de pilhas pequenas e vieram dezesseis pilhas. Calcule a quantidade de pilhas de um a dez pacotes.

Pacotes	1	2	3	4	5	6	7	8	9	10
Pilhas										

b) Jane é confeiteira. Para cada quilograma de doce que faz, ela usa seis ovos. Calcule a quantidade de ovos usados para fazer de um a dez quilogramas de doce.

Quilogramas de doce	1	2	3	4	5	6	7	8	9	10
Ovos										

Você sabia?

O prefixo **quilo**, da palavra quilograma, significa mil e é usado em outras unidades de medida, como quilômetro (mil metros) e quilowatt (mil watts).

2. Uma fábrica recebeu um carregamento de rodas para montar bicicletas e triciclos. Em cada bicicleta são usadas 2 rodas e em cada triciclo, 3 rodas. Ajude o encarregado a calcular quantas rodas de cada tipo serão usadas para montar os novos modelos e complete as tabelas.

Número de bicicletas	Número de rodas
1	2
2	
	6
	10
10	
20	

Número de triciclos	Número de rodas
1	3
2	
	9
5	
10	
	60

3. Calcule e responda.

a) Na primeira remessa, a fábrica recebeu 100 rodas de bicicletas. Quantas bicicletas puderam ser montadas?

_____

b) Na segunda remessa, a fábrica recebeu 75 rodas de triciclos. Quantos triciclos puderam ser montados?

_____

c) Faltaram rodas para 15 bicicletas e 10 triciclos. Quantas rodas a fábrica precisa encomendar para terminar a montagem dessas bicicletas e desses triciclos?

_____

vinte e sete **27**

O dinheiro

Leia este texto para conhecer a história do dinheiro.

Um pouco de história: dinheiro

Antigamente, as pessoas trocavam os produtos que tinham em excesso por aqueles de que precisavam, mas este procedimento apresentava muitos inconvenientes. Corriam o risco de perder ou estragar as mercadorias durante o transporte e, além disso, a troca poderia não ocorrer.

O convívio com esses problemas fez com que as pessoas criassem novas regras para a troca de mercadorias. Elas aceitariam determinados objetos, ou animais, que tinham valor para todos, como cereal, sal, peles de animais, alguns animais, conchas, enxadas. Esses materiais serviam como dinheiro para fazer as trocas, pois tinham um valor reconhecido por todos.

Com o passar do tempo, alguns materiais serviram de "moeda". Por exemplo: barras de sal, na África; facas de bronze, na China e América Central; machados, no Equador; dentes de elefante, na Índia, Malásia e Polinésia.

O padrão monetário foi muito útil, mas deixou de sê-lo para o convívio entre sociedades distintas, porque cada sociedade tinha o seu padrão monetário. Assim, tornou-se necessário criar um outro sistema que possibilitasse as transações entre os diversos grupos. Então, os metais foram assumindo esta função e se tornaram a "moeda padrão". O bronze, o cobre, o estanho, a prata e o ouro começaram a ser fundidos em pequenos pedaços fáceis de transportar.

Fotos: Museu de Valores/Banco Central do Brasil

Este sistema atendia às necessidades de todos os povos, mas algumas pessoas começaram a misturar metais de pouco valor a metais preciosos na quantidade exata para que a fraude não fosse percebida. Desse modo, a troca de mercadorias por metais começou a oferecer risco e, depois de tantas buscas de soluções para o problema, chegou-se à ideia de que as moedas de troca deveriam ser cunhadas com a marca oficial de uma autoridade pública.

Aos poucos, foram sendo criados bancos que se responsabilizavam pela guarda de valores, emissão de recibos e de papel-moeda.

Hoje, cada país tem a sua moeda. No Brasil, a moeda corrente é o real, indicado por R$, e pode ser de metal ou de papel.

César Coll e Ana Teberosky. *Aprendendo Matemática: conteúdos essenciais para o Ensino Fundamental de 1ª a 4ª séries*. São Paulo: Editora Ática, 2000. p. 159-160.

Compondo e calculando valores

1. Observe algumas moedas e notas que utilizamos atualmente no Brasil.

- Complete a tabela com a menor quantidade de notas ou moedas que você poderia usar para pagar as seguintes contas, sem troco.

Notas ou moedas Valor	de 100	de 50	de 10	de 5	de 1
televisor – R$ 395,00	3	1	4	1	—
prestação do carro R$ 325,00	3	—	2	1	—
aluguel da casa R$ 640,00	6	—	4	—	—
compra do computador R$ 1 240,00	12	—	4	—	—
compra de geladeira R$ 968,00	9	1	1	1	3

2. Em uma fábrica, o preço de cada bicicleta é R$ 150,00 e de cada triciclo é R$ 75,00. Calcule mentalmente e ajude o encarregado a completar a tabela de preços de uma até dez unidades. Veja o exemplo.

Bicicletas	
Quantidade	Preço em reais
1	150,00
2	
3	
4	
5	
6	
10	

Triciclos	
Quantidade	Preço em reais
1	75,00
2	
3	
4	
5	
6	
10	

3. Resolva os problemas considerando os valores da tabela que você fez.

a) A loja Bicilegal encomendou meia dúzia de bicicletas e uma dúzia de triciclos dessa fábrica. Quanto a loja deverá pagar pelas bicicletas e pelos triciclos no total?

_____

b) O dono da loja Bicilegal revende as bicicletas por R$180,00 e os triciclos por R$90,00. Quanto ele ganhará ao vender as seis bicicletas e os doze triciclos que encomendou?

_____

trinta e um **31**

Conhecendo e usando cheques e dinheiro

Leia o diálogo entre Mariana e Gustavo.

1. Observe estas etiquetas e converse com os colegas e o professor sobre as questões abaixo.

a) O que os valores nas etiquetas representam?

b) O que significa R$ antes dos números?

c) O que representam os algarismos que estão à esquerda da vírgula e os que estão à direita?

d) Como se lê cada um desses valores?

2. Você sabe para que servem os cheques? De que forma são utilizados? Converse sobre isso com os colegas e o professor.

3. Laura vai ao banco trocar este cheque por dinheiro. Quais e quantas notas e moedas poderá receber? Escreva duas ou mais possibilidades.

trinta e três 33

Problemas com dinheiro

1. As famílias Sousa e Silva saíram de férias. Veja o que cada família comprou, faça os cálculos e anote como você escreveria por extenso o valor total das compras.

Família Sousa
Kit de praia ... R$ 29,50
Guarda-sol. ... R$ 26,80

Família Silva
Duas sacolas de praia. ... R$ 5,50 (cada)
Prancha de surf .... R$ 189,00

_____   _____

_____   _____

2. Escreva com algarismos cada um dos valores apresentados por extenso.

a) dois mil, setecentos e trinta reais _____

b) mil quatrocentos e oito reais e setenta e cinco centavos _____

c) cento e dez reais e cinco centavos _____

3. Veja os cálculos que João e Toninho fizeram para resolver o problema da atividade 1 e justifique qual deles acertou os cálculos e as respostas.

a)

b)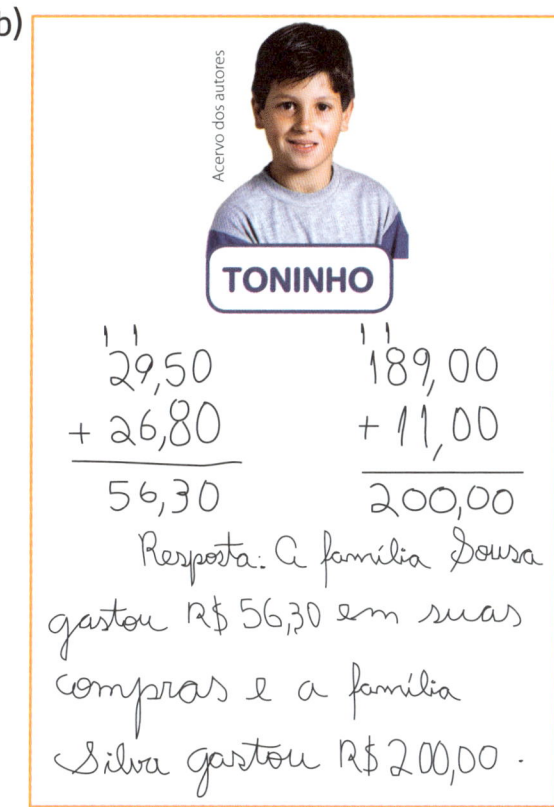

___

___

___

4. Observe estes cálculos. Eles foram feitos para resolver dois problemas inventados a partir das informações da atividade 1.

```
   60,00              200,00 | 2
 - 56,30              00000    100,00
 -------
    3,70
```

• Descubra que problemas podem ter sido inventados e anote-os.

___

___

___

trinta e cinco **35**

Rede de Ideias

1. Observe a tabela e faça o que se pede:

CANTINA DA VERA

PRODUTOS	PREÇOS
1- REFRIGERANTE	R$ 1,00
2- X-SALADA	R$ 2,50
3- MISTO-QUENTE	R$ 2,00
4- HAMBÚRGUER	R$ 3,50
5- PICOLÉ	R$ 0,80
6- SUCO DE FRUTA	R$ 1,50

a) Estime e anote quanto você gastaria se comprasse uma unidade de cada produto da tabela. A seguir, calcule exatamente quanto gastaria e anote ao lado de sua estimativa. Você estimou próximo ao valor real ou não? Converse com os colegas e o professor.

Estimativa: _____ Valor real: _____

b) Rafael quer comprar um sanduíche e um suco. Ele tem R$ 3,50. O que ele poderá comprar? Sobrará ou faltará dinheiro?

_____

_____

2. Converse com os colegas e o professor sobre estas questões.

a) O trabalho com leitura e organização de tabelas é importante. Por quê?

b) Vocês conhecem outras formas de organizar várias informações em um único recurso? Quais?

3. Leia estas instruções sobre como fazer um gráfico de colunas e, em seguida, construa o gráfico pedido em uma folha à parte. Não se esqueça de dar um título para ele.

a) Para construir um gráfico de colunas, você deve fazer uma linha vertical e outra horizontal. Assim:

b) Na linha vertical, você marca as quantidades, partindo do zero (de baixo para cima). Você pode marcar, por exemplo, de 1 em 1, de 2 em 2, de 5 em 5 ou de 10 em 10. O importante é que de uma linha para a outra você use o mesmo intervalo para marcar os números.

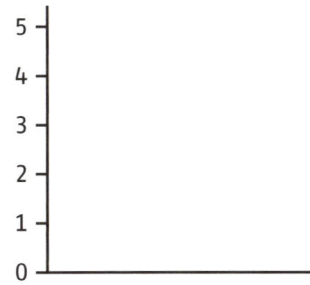 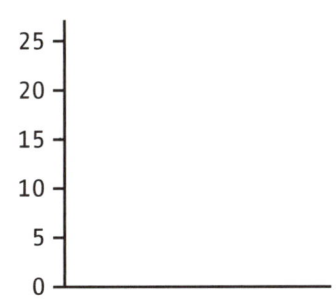 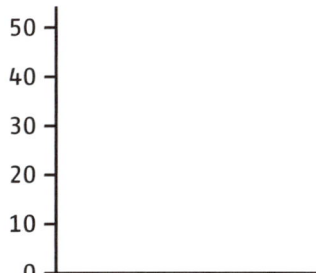

c) Na linha horizontal, registre embaixo de cada coluna o nome daquilo que você está comparando ou faça uma legenda.

- Agora consulte a tabela da atividade 1 e construa um gráfico mostrando os produtos que Vera tem em sua cantina e seus preços. Depois, exponha seu gráfico no mural da sala.

UNIDADE 2

Localização no espaço

01 – Espaço e cultura popular
02 – Avenida sob a barragem
03 – Mirante
04 – Aterro ecológico industrial
05 – Churrasqueira ao ar livre
06 – Chafariz
07 – Ponte coberta
08 – Ruas pela mata
09 – Sete lagos
10 – Labirinto de lazer
11 – Animais ornamentados
12 – Estátua
13 – Churrasqueira
14 – Pista para *bicicross*
15 – Campos de futebol
16 – Futebol de areia
17 – Estacionamento
18 – Restaurante
19 – Ginásio de esportes
20 – Av. das Palmeiras
21 – Lanchonete
22 – Área de esportes aquáticos
23 – Calçada para caminhada
24 – Fonte

IMAGEM E CONTEXTO

1. Observe o parque ilustrado e responda.

a) Que espaços esse parque oferece aos visitantes?
b) Onde está a ponte coberta? E a estátua? Aponte na figura.

2. Qual o caminho mais curto para quem sai do labirinto de lazer ir até a calçada para caminhada?

_____

_____

3. Você já foi a um parque? Ele era parecido com esse da ilustração? Converse com os colegas e o professor sobre as semelhanças e diferenças entre o parque da ilustração e o que você conhece.

Explorando o espaço da escola

1. Separe algumas folhas de papel, lápis e borracha para desenhar a sua escola.

- Faça cada desenho pedido em uma folha à parte e lembre-se de inserir legendas neles, para facilitar a representação dos lugares e objetos.

    a) Desenhe a sua sala de aula, indicando o local em que você se senta.

    b) Desenhe sua escola vista de cima. Lembre-se de incluir banheiros, pátio, salas de aula, parque, diretoria e outros.

2. Usando uma cor para cada caso, marque no desenho que você fez:

    a) o caminho de sua classe até o pátio da escola.

    b) o caminho de sua classe até o banheiro mais próximo.

    c) todo o trajeto que você faz de sua classe até o portão de entrada da escola.

- Exponha os desenhos no mural da sala de aula.

3. Junte-se a alguns colegas e comparem os desenhos feitos por vocês.

a) Conversem sobre aquilo que aparece em todos os desenhos e sobre aquilo que só aparece em alguns.

b) Conversem também sobre os pontos de vista utilizados em seus desenhos.

c) Alguém usou a régua ou outro instrumento para desenhar?

d) Aparece algo escrito nos desenhos?

e) Que tipo de informações precisam ser escritas e quais podem ser entendidas apenas por meio dos desenhos?

4. Observe o desenho que Paloma fez de sua escola.

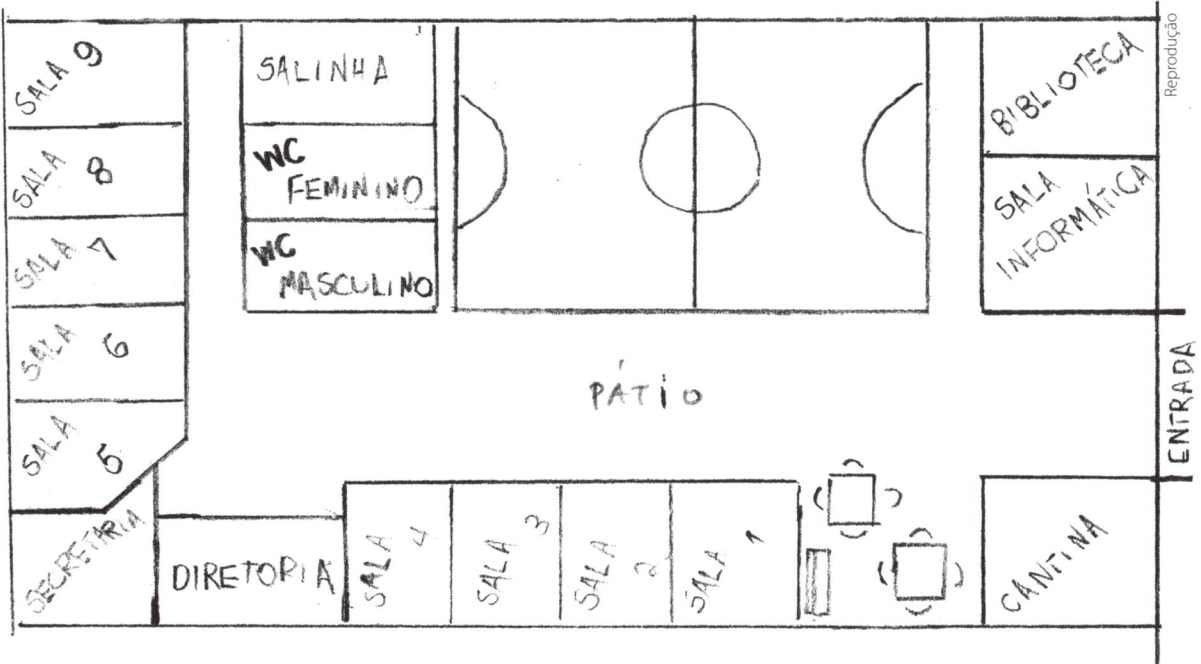

a) Compare a escola de Paloma com a sua escola. Anote semelhanças e diferenças entre elas.

_____

_____

_____

b) Converse com os colegas e o professor e descubra de que ponto de vista Paloma desenhou a escola.

_____

Encontrando pontos de referência

Observe este mapa simplificado de alguns pontos turísticos da cidade de São Luís, no Maranhão. Depois, responda às questões.

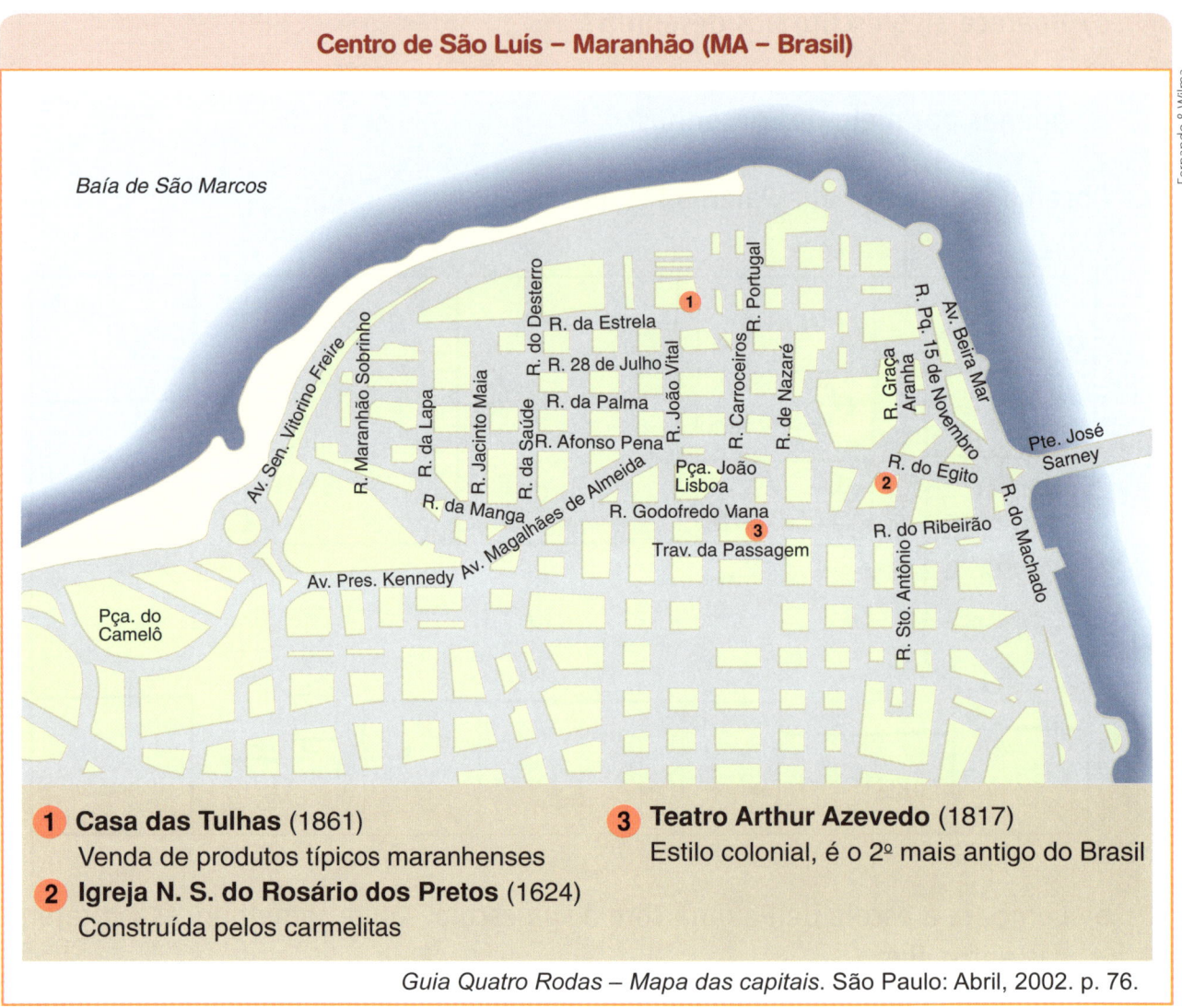

Guia Quatro Rodas – Mapa das capitais. São Paulo: Abril, 2002. p. 76.

1. Em que rua fica a Casa das Tulhas? _____

2. Que trajeto poderia fazer uma pessoa que saísse da Casa das Tulhas e fosse até a Igreja Nossa Senhora do Rosário dos Pretos?

_____

_____

3. Os irmãos Ricardo, Ronaldo e Rivaldo são pescadores e moram na rua João Vital, esquina com a rua da Palma. Eles acabaram de chegar com a embarcação à Baía de São Marcos, perto da rua do Desterro. Que caminho os irmãos podem fazer para ir até a casa deles?

_____

_____

4. Flávia trabalha no Teatro Arthur Azevedo e mora na rua da Manga. Que caminho ela pode fazer para chegar à casa dela mais rápido?

_____

5. Cite três ruas que cruzam a rua Afonso Pena.

_____

6. Observando o mapa, onde poderíamos dizer que começa e onde termina a rua da Lapa?

_____

Fonte: Leda Ísola e Vera Caldini. *Atlas Geográfico Saraiva*. São Paulo: Saraiva, 2004. p. 33.

Você sabia?

Ao contrário da maioria das capitais de estados brasileiros, São Luís não foi fundada por portugueses. Essa capital foi fundada pelos franceses, que chegaram ao local no ano de 1612.

A expedição enfrentou 5 meses de Atlântico para desembarcar, no dia 8 de setembro, na ilha que batizaram de São Luís, em homenagem ao rei Luís XIII.

Outros mapas

1. Observe o mapa que Mariana fez de ruas próximas à casa dela e responda.

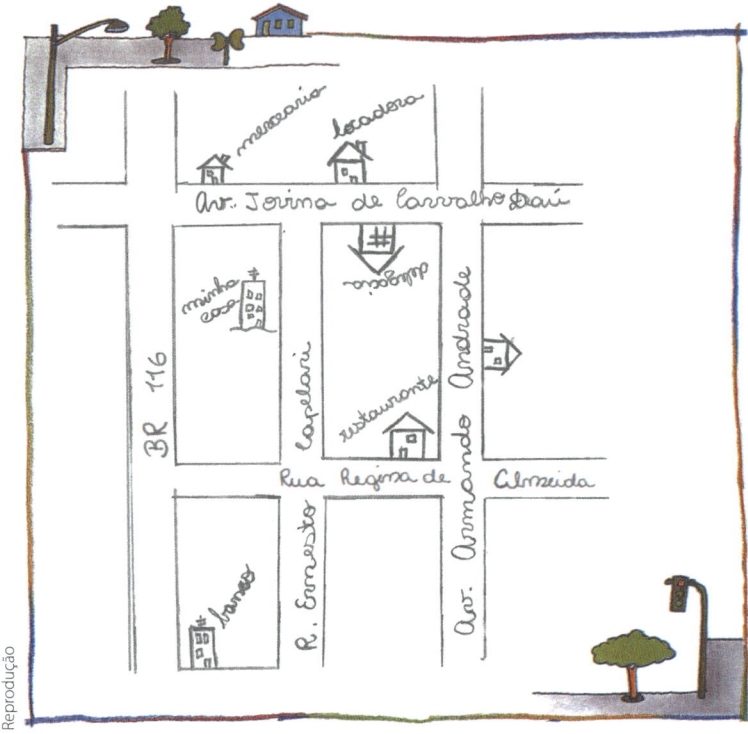

a) Quais são as ruas que cruzam a rua onde fica a casa de Mariana?

_____

b) Quais ruas não se encontram com a rua da casa de Mariana?

_____

2. Numa folha à parte, faça um pequeno mapa, com aproximadamente 4 ou 6 ruas, mostrando a sua casa e algumas outras casas ou comércios que há nas ruas próximas. Lembre-se de escrever o nome das ruas.

a) Conte para um colega que caminho você faz para ir de sua casa até algum lugar que você desenhou no mapa.

b) Escreva o nome de duas ruas que cruzam a rua onde você mora.

_____

_____

3. Observe este trecho de um mapa simplificado de uma parte da cidade de São Paulo e aponte o que se pede.

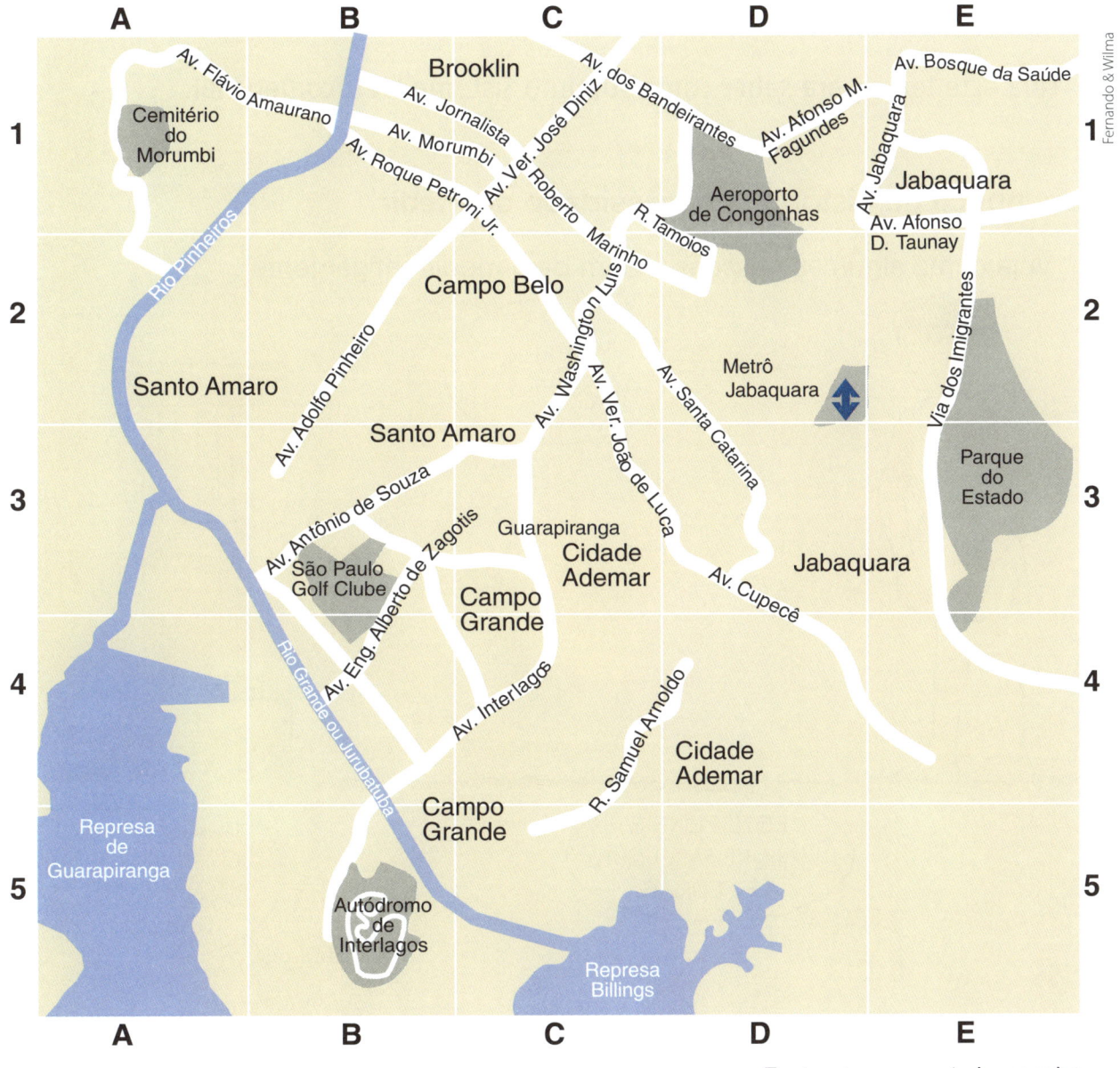

Fonte: <www.apontador.com.br>
Acesso em: maio de 2004.

Você percebeu que todas as colunas são marcadas com letras e as linhas com números?

a) Tente localizar, por exemplo, a avenida Morumbi, no cruzamento da linha 1 com a coluna B. A localização da avenida Morumbi no mapa é representada assim: B-1.

b) Localize, agora, a avenida Bosque da Saúde. Para isso, encontre o trecho E-1.

c) O que está localizado nas colunas C e D, linha 5? _____

Descobrindo medidas

Leia este texto para saber como surgiu o Sistema Métrico Decimal.

Um pouco de história: a necessidade de medir

Veja como algumas pessoas faziam para medir antigamente:

Todas essas formas de medir geravam confusão, pois não eram precisas. A necessidade de padronizar as unidades de medida tornava-se cada vez mais urgente. No final do século XVIII, na França, estabeleceu-se o Sistema Métrico, que definiu uma unidade-padrão: o **metro**. Mais tarde definiram-se o **quilograma** e o **litro**.

1. Pesquise a unidade-padrão das medidas de **comprimento**, **capacidade** e **massa** e os símbolos que correspondem a cada unidade. Anote na tabela as unidades e os símbolos que você pesquisou.

Para medir	Unidade-padrão	Símbolo
Comprimento		
Capacidade		
Massa		

2. O pai de Caroline plantou uma árvore quando ela nasceu. Veja, agora, o tamanho da árvore e de Caroline e responda às questões.

a) Sabendo que Caroline mede 1 metro e 60 centímetros de altura, quanto você acha que é a altura da árvore?

_____

b) E a altura de Victor, o irmãozinho de Caroline, que está ao lado dela?

_____

quarenta e sete **47**

Interpretando gráficos

1. Observe este gráfico de barras e responda às questões.

Crescimento de Júlia durante 1 ano

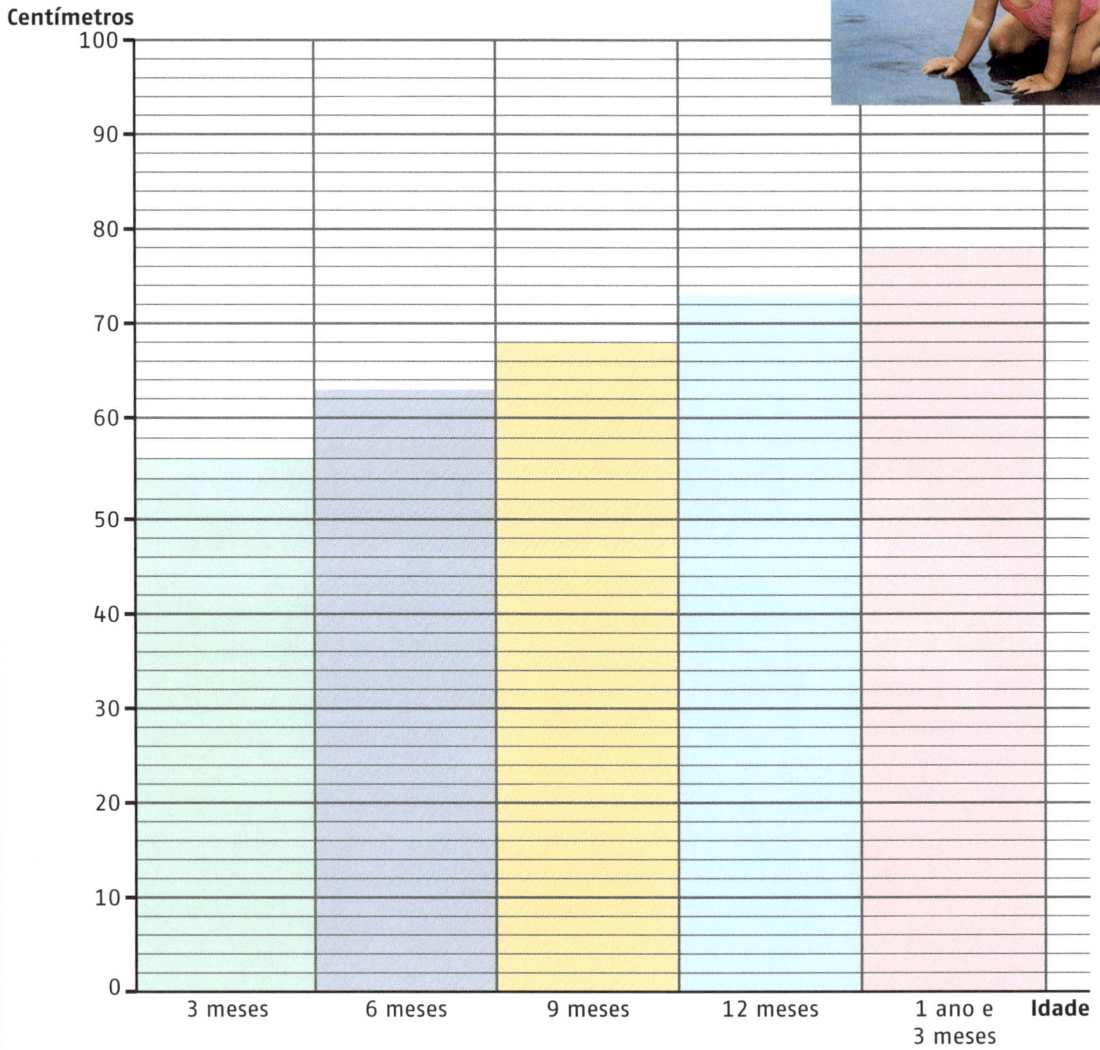

Barras:
- 3 meses: 56 cm
- 6 meses: 63 cm
- 9 meses: 68 cm
- 12 meses: 73 cm
- 1 ano e 3 meses: 78 cm

a) Quantos centímetros Júlia cresceu em 1 ano, contando a partir do primeiro registro, aos 3 meses de idade? _____

b) Quantos centímetros Júlia cresceu dos 9 meses até completar 1 ano e 3 meses?

_____

 c) Como você pensou para encontrar a resposta da questão **b**?

2. Observe este gráfico que o pai de Anita e Alice fez para acompanhar o crescimento das duas e responda às questões.

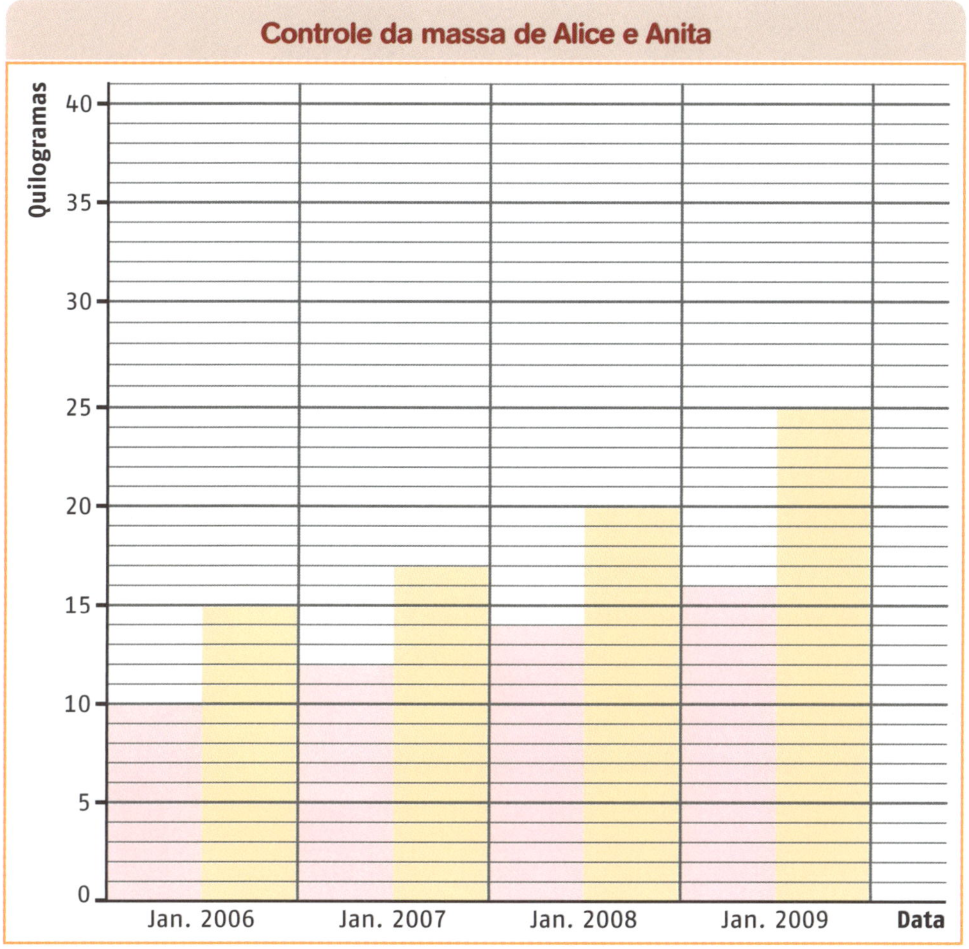

Controle da massa de Alice e Anita

(gráfico de colunas múltiplas — Quilogramas × Data: Jan. 2006, Jan. 2007, Jan. 2008, Jan. 2009)

- ALICE: 10, 14, 16, 16 (rosa)
- ANITA: 15, 17, 20, 25 (amarelo)

a) Qual era a diferença de massa entre as duas meninas em janeiro de 2009?

_____

b) Quanto aumentou a massa das meninas entre 2006 e 2009?

_____

c) De 2006 a 2009, em que período de tempo Anita teve maior aumento de massa? De quanto foi? _____

d) E o menor aumento de massa da Anita? Quando e de quanto foi?

_____

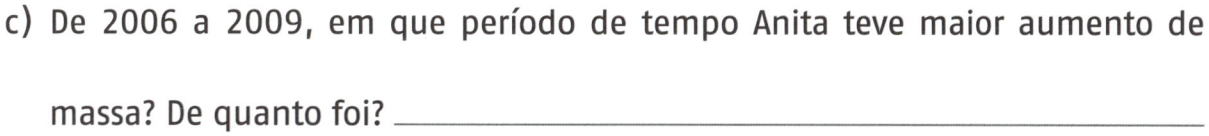

Esse gráfico também é chamado de gráfico de colunas múltiplas.

Números do Brasil

1. Leia este texto sobre as pessoas que habitavam o Brasil há mais de 500 anos e marque todas as informações que envolvam números e medidas que nele aparecem.

Um pouco de história: os indígenas do Brasil

Os índios são povos ou sociedades pré-colombianas, isto é, já viviam nas terras americanas antes de serem descobertas por Cristóvão Colombo [em 12 de outubro de 1492]. Calcula-se que no Brasil vivam, atualmente, por volta de 200 a 300 mil índios. A maior parte está concentrada na Amazônia, mais de 120 mil, e o restante, no Nordeste, em torno de 46 mil, e no Centro-Sul do país, cerca de 45 mil.

No passado, entretanto, foram muito mais numerosos: no ano de 1500 havia por volta de 3 a 5 milhões de índios. Esses números decaíram para 1 milhão e 200 mil em 1920. Isto significa que, em pouco mais de quatro séculos, cerca de 3 milhões de índios desapareceram. Essa quantidade alarmante foi acelerada nos 60 anos posteriores – da década de 20 aos dias de hoje, 1 milhão de índios deixaram de existir, reduzindo-se, portanto, aos últimos 300 mil dentro do território nacional.

Fernando Portela e Betty Mindlin. *A questão do índio*. São Paulo: Ática, 1996. p. 9.

2. O gráfico mostra como, no Brasil, os indígenas eram bem mais numerosos no passado do que hoje em dia. Com base no gráfico, preencha a tabela.

Ano	Quantidade aproximada de indígenas no Brasil

• Calcule a diferença entre a quantidade de indígenas que viviam no Brasil em 1500 e por volta do ano 2001.

Resposta: _____

3. Escreva alguns números que aparecem no texto da página anterior, utilizando apenas algarismos.

a) 300 mil: _____ d) 1 milhão: _____

b) 120 mil: _____ e) 1 milhão e 200 mil: _____

c) 46 mil: _____ f) 3 milhões: _____

4. Compare sua escrita na atividade 3 com a de um colega e veja se há diferenças entre a sua forma de representar os números e a forma dele. Se houver, escreva ambas as formas e tente justificar a forma correta para você.

_____

_____

_____

cinquenta e um **51**

Sistema de numeração romano

Acompanhe a leitura deste texto sobre um sistema de numeração antigo, mas que ainda hoje é utilizado em algumas situações.

Um pouco de história: o sistema de numeração romano

Os romanos não criaram símbolos novos para representar os números; eles usaram as letras do próprio alfabeto: I V X L C D M.

Veja ao lado os valores dos diversos símbolos em nosso sistema de numeração.

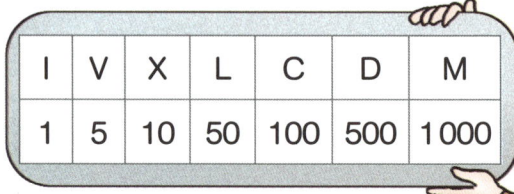

I	V	X	L	C	D	M
1	5	10	50	100	500	1 000

Como será que os romanos combinavam estes símbolos para formar o seu sistema de numeração?

Quando apareciam vários símbolos iguais juntos, eles somavam os seus valores. Cada símbolo podia aparecer até três vezes, por exemplo, XXX = 30.

Se o símbolo de maior valor vinha à esquerda do símbolo de menor valor, eles somavam os seus valores.

VI = 6, PORQUE 5 + 1 = 6
XXVII = 27, POIS
10 + 10 + 5 + 1 + 1 = 27

Quando dois símbolos diferentes apareciam juntos, e o símbolo de menor valor vinha à esquerda do maior, subtraíam o valor menor do maior.

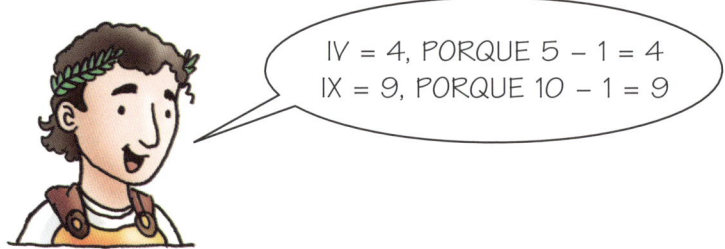

IV = 4, PORQUE 5 − 1 = 4
IX = 9, PORQUE 10 − 1 = 9

Às vezes precisamos fazer alguns cálculos para ler um número no sistema de numeração romano. Veja como Camila, Leonardo e Taís fizeram para ler o número **XCVIII**.

PRIMEIRO IDENTIFICAMOS A LETRA QUE TEM O MAIOR VALOR. C = 100

DEPOIS SUBTRAÍMOS DO VALOR DE C O VALOR DE X. XC = 100 − 10 = 90

POR FIM, SOMAMOS AO RESULTADO OS VALORES DOS SÍMBOLOS À DIREITA DE C. XCVIII = 90 + 5 + 1 + 1 + 1 = 98

1. Em que situações encontramos os algarismos romanos? Converse com os colegas e anote.

_____

_____

2. Complete a tabela com os números indo-arábicos.

No sistema de numeração romano	II	IV	VIII	XVI	XXXII	LXIV	C	CXC
No sistema de numeração indo-arábico								

OS SÍMBOLOS QUE USAMOS PARA REPRESENTAR OS ALGARISMOS DE 0 A 9 SÃO CHAMADOS **INDO-ARÁBICOS**, PORQUE SÃO ORIGINÁRIOS DA ÍNDIA E FORAM DIFUNDIDOS PELOS ÁRABES.

Sistema de numeração egípcio

E o sistema de numeração egípcio, você conhece?

Os egípcios utilizavam até no máximo nove símbolos de cada valor para escrever um número e somavam um símbolo ao outro, em qualquer posição! Veja os símbolos egípcios:

Símbolo	Valor	Significado do símbolo
|	1	bastão
∩	10	calcanhar
⌒	100	corda enrolada
⚘	1 000	flor de lótus
∫	10 000	dedo dobrado
⌇	100 000	girino
𓁀	1 000 000	homem ajoelhado com as mãos levantadas para o céu

BOYER, Carl B. *História da Matemática*. São Paulo: Edgard Blücher, 1996. p. 7.

1. Escreva estes números usando os símbolos egípcios. Veja o exemplo.

a) 504 _____ b) 2 400 _____ c) 123 _____

2. Você já sabe que no **sistema de numeração decimal indo-arábico**, que adotamos no Brasil, cada algarismo tem um valor, dependendo de sua posição no número, conhecido como **valor posicional**. Repare na decomposição do número 1 235 e decomponha os outros números da tabela:

	milhar		centena		dezena		unidade
1 235 =	1 000	+	200	+	30	+	5
ou 1 235 =	1 x 1 000	+	2 x 100	+	3 x 10	+	5 x 1
7 963 =		+		+		+	
ou 7 963 =		+		+		+	
6 500 =		+		+		+	
ou 6 500 =		+		+		+	
9 909 =		+		+		+	
ou 9 909 =		+		+		+	

3. Agora que você já refletiu sobre os sistemas de numeração indo-arábico, egípcio e romano, aqui vai um desafio! Escreva estes números com algarismos indo-arábicos, romanos e egípcios, conforme o exemplo.

Número	Indo-arábico	Romano	Egípcio
dezesseis	16	XVI	∩ |||||
trinta e quatro			
cinquenta			
mil			
mil novecentos e vinte			

cinquenta e cinco **55**

Refletindo sobre os números

1. Seu professor vai ditar alguns números para você escrever, com algarismos, um em cada linha.

_____   _____   _____

_____   _____   _____

_____   _____   _____

_____   _____   _____

2. Escreva por extenso seis dos números ditados pelo professor. Ao lado de cada número, escreva seu antecessor e seu sucessor, com algarismos. Veja um exemplo:

Número por extenso	Antecessor	Sucessor
Cento e vinte e três	122	124

3. Com um colega, comparem os números escritos por vocês nas atividades 1 e 2. Se alguns dos números aparecerem de maneiras diferentes, converse com os colegas e o professor sobre a maneira correta de escrever os números ditados, seus antecessores e sucessores.

Até aqui você já utilizou bastante as quatro primeiras ordens do sistema decimal: a unidade, a dezena, a centena e a unidade de milhar. Como você sabe, os números podem ter muitos algarismos, e cada um deles ocupa uma posição, ou ordem, representando valores diferentes.

4. Observe e complete a tabela com as ordens ocupadas pelos algarismos dos números:

Número	7ª ordem unidade de milhão	6ª ordem centena de milhar	5ª ordem dezena de milhar	4ª ordem unidade de milhar	3ª ordem centena	2ª ordem dezena	1ª ordem unidade
5 435 092	5	4	3	5	0	9	2
31 450			3	1	4	5	0
201 526							
1 526							
715							
3 255 000							

5. Descubra e anote os números formados por:

a) uma unidade de milhão: _____

b) duas unidades de milhão e cinco centenas de milhar: _____

c) oito dezenas de milhar e duas centenas: _____

d) seis unidades de milhar e quatro dezenas: _____

e) uma dezena de milhar e uma unidade: _____

f) sete centenas de milhar e três dezenas de milhar: _____

6. Observe este número e responda. 255 000

a) Quantos algarismos ele tem? _____

b) Quantas ordens ele tem? _____

Dois desafios para você

1. Três pessoas compraram carros novos, de marcas e cores diferentes. Partindo das pistas, descubra o carro de cada pessoa e anote.

1. Maria *não* comprou a perua vermelha.
2. Antônio comprou um carro azul.
3. João *não* comprou o sedã.
4. A picape comprada é verde.

SEDÃ

PICAPE

PERUA

_____

_____

_____

2. Agora um desafio mais difícil! Partindo destas pistas, tente descobrir qual criança mora em cada casa (identificadas pelas letras de A a F, na ilustração da página 59) e qual animal doméstico cada uma tem. Leia as pistas várias vezes, pois cada uma ajuda a entender as anteriores. Boa sorte!

Seis crianças moram em uma vila. Três delas moram em casas localizadas de um lado da rua e as outras três moram do outro lado da rua, exatamente em frente às primeiras.

Pistas

1. Nenhuma criança tem a inicial do seu nome igual à letra de identificação de sua casa.
2. Nas duas casas do meio, moram Bruno e Alberto.
3. Denise tem um lindo aquário na sua casa, cheio de peixinhos.
4. Bia mora na casa C, que fica de frente para a casa de outra menina.
5. A criança que tem um canário mora entre a casa de Denise e Estéfano.
6. Fernanda tem uma tartaruga e sua casa fica na frente da casa onde há periquitos.
7. O cão de Alberto vive brigando com o gatinho da casa vizinha, que já quis comer os peixinhos da casa da frente.
8. Bruno mora ao lado da casa da criança que tem periquitos.

- Escreva a letra de cada casa, o nome da criança e o animal de cada uma.

_____

_____

_____

_____

SUGESTÃO DE LEITURA

Medidas: Matemática é uma grande brincadeira, de Ivan Bulloch, Studio Nobel.

Gente que faz!

Jogo Batalha Naval

Material necessário

- duas tabelas para cada aluno, da ficha 8 do material complementar (uma para marcar a própria esquadra, outra para marcar as tentativas de acertar a esquadra adversária)
- lápis ou caneta

Número de jogadores

- 2 jogadores

Objetivo

- Afundar a esquadra adversária.

Modo de jogar

- Antes de começar o jogo, cada jogador deve pintar, secretamente, a própria esquadra, distribuindo-a no quadro quadriculado da ficha 11, sem encostar um navio no outro.
- Cada jogador tem direito a três tentativas de acertar onde está a esquadra do adversário, usando as letras e os números indicados nas linhas e colunas do quadro. Por exemplo: C-6, J-9, D-7.
- Após cada tentativa, o adversário anuncia onde acertaram: fala "água" se o jogador não acertou e "fogo" se o jogador acertou em algum elemento da esquadra. O resultado de cada tentativa deverá ser marcado de maneira diferenciada no quadro da esquadra inimiga, por exemplo, usando-se um ponto (•) para as tentativas que acertarem a água e um xis (x) nos que acertarem a esquadra adversária.
- Na sequência, é a vez de o outro jogador tentar acertar o alvo três vezes e aguardar que o adversário dê o resultado do que ele acertou.
- Ganha quem afundar primeiro toda a esquadra adversária.
- Esquadra: 1 encouraçado, 2 cruzadores, 3 destróieres, 4 submarinos e 5 hidroaviões.

Esquadra:

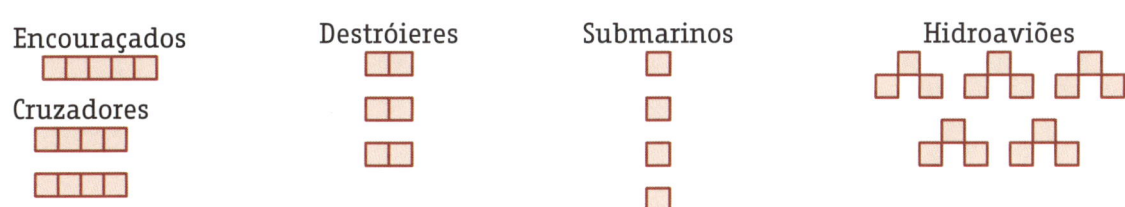

Exemplo de jogo:

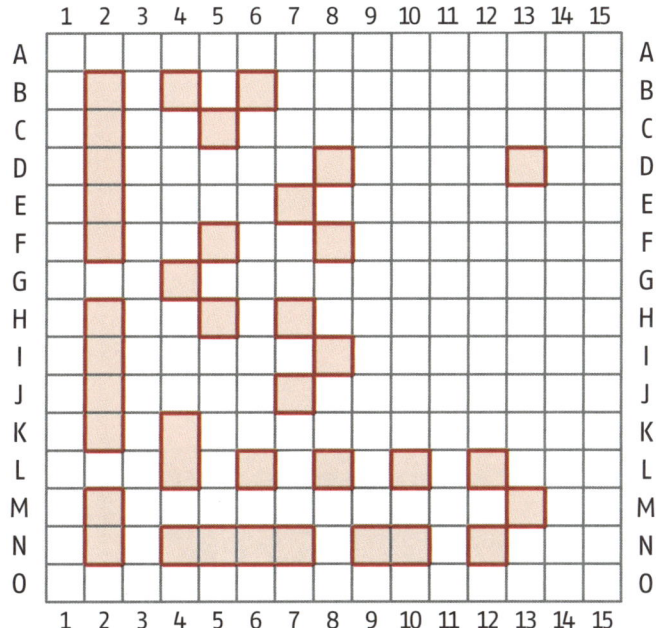

Minha esquadra

Esquadra inimiga

Rede de Ideias

1. Estime quanto medem, aproximadamente, os elementos abaixo. Escolha e circule a unidade de medida mais adequada a cada um.

   a) O comprimento de uma caneta: 15 cm, 15 mm ou 15 m.

   b) O comprimento de uma formiga: 3 mm, 3 cm ou 3 m.

   c) A altura de um garoto de 9 anos: 148 m, 148 cm ou 148 mm.

   d) A altura da parede de uma sala de aula: 260 m, 260 cm ou 260 mm.

2. Qual o comprimento da lousa de uma sala de aula:

   em metros?   em centímetros?   em milímetros?

3. Como você fez para achar o comprimento da lousa nessas três unidades de medida? Converse com os colegas e o professor e comparem os procedimentos utilizados.

4. Faça uma estimativa e depois pesquise a altura ou o comprimento real destes objetos. Complete a tabela com essas informações.

Objeto	Estimativa	Comprimento real
O comprimento de seu pé		
A altura da porta da sala de aula		
O comprimento de um caderno		
A altura de um prédio de 3 andares		

5. Pense e converse com os colegas e o professor.

- Você acha que a descoberta de medidas padronizadas, como o metro e o quilograma, foi importante? Por quê?

6. Complete este texto.

CONVIVÊNCIA

Você sabe o nome deste conjunto musical?

Esse conjunto chama-se **orquestra**. Trata-se de um conjunto de músicos que executam peças escritas para diversos instrumentos (de cordas, de sopro, entre outros). Pode ou não ser dirigida por um regente. A orquestra da fotografia é acompanhada por um coral.

1. Você já assistiu à apresentação de uma orquestra? Sabe quantos músicos participam desse grupo? Converse com os colegas.

Normalmente há em uma orquestra mais de 80 músicos. Cabe a cada um tocar seu instrumento corretamente, seguindo as notas musicais e o tempo exato para tocar. Se a orquestra estiver afinada, o som terá excelente qualidade.

Trabalho em grupo

Você costuma trabalhar em grupo com seus colegas? Conte como é.

Estas crianças estão elaborando um cartaz em grupo. Observe.

- Que cena melhor representa um trabalho em equipe?

_____

Como você acha que devemos nos organizar quando trabalhamos em grupo? De que forma dividimos as funções e responsabilidades de cada um? Converse com seus colegas.

UNIDADE 3
Operações e grandes quantidades

O Estádio Jornalista Mário Filho, mais conhecido como Estádio do Maracanã, está localizado na cidade do Rio de Janeiro, tem capacidade para 80 mil espectadores (é o maior do Brasil) e foi construído especialmente para a Copa do Mundo de 1950, ano de sua inauguração.

Desde a inauguração, ele tem sido palco de grandes momentos do futebol brasileiro e mundial: o milésimo gol do Pelé, as finais dos campeonatos brasileiros e diversas competições nacionais e internacionais. No ano de 2007 foi nesse estádio que ocorreram as cerimônias de abertura e encerramento dos jogos Pan-Americanos e vários jogos dessa competição.

IMAGEM E CONTEXTO

1. Você conhece o Estádio do Maracanã ou algum outro estádio? Já assistiu a uma partida de futebol ao vivo? Converse com os colegas e o professor sobre isso.

2. Quantos anos se passaram desde a inauguração do Maracanã? Se o estádio ficou lotado pelo menos 2 vezes a cada ano, por quantas vezes o estádio esteve lotado desde 1950?

3. Atualmente, a capacidade do Estádio do Maracanã é de aproximadamente 80 mil pessoas. Observe a foto e responda: nesse dia a lotação do estádio estava próxima da capacidade máxima? Quantas pessoas você imagina que há na foto?

Comparando áreas e populações

1. Observe os estados do Brasil.

Fonte: Instituto Brasileiro de Geografia e Estatística (IBGE). *Atlas geográfico escolar*. 4. ed. Rio de Janeiro: IBGE, 2007.

- Aponte no mapa:

    a) o estado onde você mora.
    b) o estado onde você nasceu.
    c) os estados onde outros colegas da classe nasceram.

2. Estime quantos habitantes há em cada um destes estados brasileiros.

 **PISTA:** Há bem mais que 500 mil pessoas habitando esses estados brasileiros.

| Maranhão | São Paulo | Mato Grosso | Santa Catarina |

_____   _____   _____   _____

3. Nesta tabela estão organizados os estados brasileiros e o Distrito Federal, a área de cada um e sua população. Veja:

Estado	Área (em km²)	População (nº de habitantes)	Estado	Área (em km²)	População (nº de habitantes)
Acre	152 581	669 736	Paraná	199 315	10 261 856
Alagoas	27 768	3 015 912	Pernambuco	98 312	8 413 593
Amapá	142 815	594 587	Piauí	251 529	3 006 885
Amazonas	1 570 746	3 232 330	Rio de Janeiro	43 696	15 383 407
Bahia	564 693	13 815 334	Rio Grande do Norte	52 797	3 003 087
Ceará	148 826	8 097 276	Rio Grande do Sul	281 749	10 845 087
Espírito Santo	46 078	3 408 365	Rondônia	237 576	1 534 594
Goiás	340 087	5 619 917	Roraima	224 299	391 317
Maranhão	331 983	6 103 327	Santa Catarina	95 346	5 866 568
Mato Grosso	903 358	2 803 274	São Paulo	248 209	40 442 795
Mato Grosso do Sul	357 125	2 264 468	Sergipe	21 910	1 967 791
Minas Gerais	586 528	19 237 450	Tocantins	277 621	1 305 728
Pará	1 247 690	6 970 586			
Paraíba	56 440	3 595 886	Distrito Federal	5 802	2 333 108

Fonte: Instituto Brasileiro de Geografia e Estatística (IBGE). *Atlas geográfico escolar*. 4. ed. Rio de Janeiro: IBGE, 2007. p. 154.

- Compare os dados da tabela com a estimativa de habitantes que você fez para alguns estados e observe se ficou próximo do número real.

4. Responda de acordo com a tabela da atividade 3.

a) Quais são os três estados mais populosos do Brasil?

_____

b) Quais são os três maiores estados do Brasil em área?

_____

c) Na sua opinião, por que os estados do Brasil de maior área não são os que têm mais habitantes? Converse com os colegas e o professor.

Quantos habitantes?

1. Observe as bandeiras e a quantidade de habitantes destes estados brasileiros, no ano de 2007.

Tocantins (TO): 1 305 728 habitantes

Pará (PA): 6 970 586 habitantes

Acre (AC): 669 736 habitantes

Santa Catarina (SC): 5 866 568 habitantes

Piauí (PI): 3 006 885 habitantes

Espírito Santo (ES): 3 408 365 habitantes

• Organize, na tabela, o nome desses seis estados seguindo a ordem decrescente da quantidade de habitantes que há em cada um.

	Número de habitantes	Estado
1º		
2º		
3º		
4º		
5º		
6º		

2. Consulte a tabela da página 69 e responda.

- No ano de 2007, qual estado tinha:

a) oito milhões, quatrocentos e treze mil, quinhentos e noventa e três habitantes?

_____

b) três milhões, quinhentos e noventa e cinco mil, oitocentos e oitenta e seis habitantes? _____

c) dois milhões, oitocentos e três mil, duzentos e setenta e quatro habitantes?

_____

d) quinhentos e noventa e quatro mil, quinhentos e oitenta e sete habitantes?

_____

3. Você sabe o que significam os termos **antecessor** e **sucessor**? Converse com os colegas e o professor sobre isso e complete a tabela.

Antecessor	Número de habitantes	Sucessor
	669 736	
	3 015 912	
	8 097 276	
	6 103 327	

4. Observe, no mapa da página 68 e na tabela da página 69, os estados que compõem cada região do Brasil, a área em quilômetros e a população de cada estado. Depois, faça cálculos aproximados para descobrir:

a) qual é a região mais populosa. _____

b) qual região tem a maior área. _____

c) qual região tem a menor área. _____

setenta e um **71**

Relacionando quantidades

1. Complete as lacunas para que as informações fiquem corretas.

a) Uma formiga tem 6 patas. Seis formigas têm _____ patas.

b) Em cada envelope há 3 figurinhas.

Em 10 envelopes há _____ figurinhas.

c) Um polvo tem 8 tentáculos.

Oito polvos têm _____ tentáculos.

d) Em cada caixa de ovos há 12 ovos.

Em 5 caixas há _____ ovos.

Você deve ter observado que, para resolver esses problemas, podem ser feitas adições de parcelas iguais.

Exemplo: um automóvel tem 5 rodas se contarmos o estepe. Para descobrir quantas rodas há em 10 automóveis, podemos fazer:

$$5 + 5 + 5 + 5 + 5 + 5 + 5 + 5 + 5 + 5$$

A ADIÇÃO DE PARCELAS IGUAIS TAMBÉM PODE SER REPRESENTADA PELA MULTIPLICAÇÃO. ASSIM, PODEMOS REGISTRAR DE FORMA MAIS SINTÉTICA A SOMA ANTERIOR: 10 X 5.

2. Complete a tabela com uma adição e uma multiplicação para representar cada cálculo feito na atividade 1.

Elemento contado	Adições de parcelas iguais	Multiplicação
Patas de 6 formigas		
Figurinhas em 10 envelopes		
Tentáculos de 8 polvos		
Ovos em 5 caixas		

3. Complete as tabuadas do 2, 3, 4, 6 e 8. Lembre-se de que, para construí-las, devemos sempre pensar nas adições que estão "escondidas" na palavra **vezes**. Por exemplo, **3 x 4** indica **3 vezes o 4**, ou **4 + 4 + 4**.

Tabuada do 2	Tabuada do 3	Tabuada do 4	Tabuada do 6	Tabuada do 8
0 x 2 = ___	0 x 3 = ___	0 x 4 = ___	0 x 6 = ___	0 x 8 = ___
1 x 2 = ___	1 x 3 = ___	1 x 4 = ___	1 x 6 = ___	1 x 8 = ___
2 x 2 = ___	2 x 3 = ___	2 x 4 = ___	2 x 6 = ___	2 x 8 = ___
3 x 2 = ___	3 x 3 = ___	3 x 4 = ___	3 x 6 = ___	3 x 8 = ___
4 x 2 = ___	4 x 3 = ___	4 x 4 = ___	4 x 6 = ___	4 x 8 = ___
5 x 2 = ___	5 x 3 = ___	5 x 4 = ___	5 x 6 = ___	5 x 8 = ___
6 x 2 = ___	6 x 3 = ___	6 x 4 = ___	6 x 6 = ___	6 x 8 = ___
7 x 2 = ___	7 x 3 = ___	7 x 4 = ___	7 x 6 = ___	7 x 8 = ___
8 x 2 = ___	8 x 3 = ___	8 x 4 = ___	8 x 6 = ___	8 x 8 = ___
9 x 2 = ___	9 x 3 = ___	9 x 4 = ___	9 x 6 = ___	9 x 8 = ___
10 x 2 = ___	10 x 3 = ___	10 x 4 = ___	10 x 6 = ___	10 x 8 = ___

Somar ou multiplicar?

1. Veja como algumas crianças resolveram este problema.

Mamãe comprou seis dúzias de ovos para fazer pães. Quantos ovos ela comprou?

JOÃO

```
  12        ¹
  12       36
+ 12     + 36
────      ───
  36       72
```

BIA

$6 \times 10 = 60$
$6 \times 2 = 12$

```
   60
 + 12
 ────
   72
```

VERINHA

```
   ¹
   12
 ×  6
 ────
   72
```

Resposta: *Ela comprou 72 ovos.*

- Converse com os colegas e tente descobrir como João, Bia e Verinha pensaram para resolver esse problema. Escreva o que você descobriu.

JOÃO _____

BIA _____

VERINHA _____

2. Resolva estes problemas usando uma das maneiras que você observou na página anterior ou outro jeito que você conheça.

a) Um caixote tem 8 caixas de pêssego e cada caixa tem 16 pêssegos. Quantos pêssegos há no caixote?

Resposta: _____

b) Gabriela tem 4 álbuns com 32 papéis de carta em cada um. Quantos papéis de carta ela tem?

Resposta: _____

c) Uma padaria vende 85 pães, em média, durante cada dia da semana. Quantos pães vende durante uma semana (7 dias)?

Resposta: _____

Veja como João resolveu o problema **a** da atividade 2.

Um caixote tem 8 caixas de pêssego e cada caixa tem 16 pêssegos. Quantos pêssegos há no caixote?

EU TINHA QUE SOMAR O 16 OITO VEZES PORQUE ERAM 8 CAIXAS. MAS COMO EU SEI QUE 8 É DUAS VEZES 4, EU SOMEI PRIMEIRO 4 CAIXAS, QUE DEU 64, E DEPOIS JUNTEI AS OUTRAS 4 CAIXAS: 64 MAIS 64. DEU 128 PÊSSEGOS!

JOÃO

```
 ²
 16        64
 16       +64
 16       ———
+16       128
———
 64
```

Outros jeitos de resolver problemas de multiplicação

Bia e Verinha resolveram o mesmo problema de João usando jeitos diferentes. Veja:

EU SEPAREI AS DEZENAS E AS UNIDADES DO 16 E FIZ DE CABEÇA 8 VEZES 10 E 8 VEZES 6. 8 VEZES 10 É FÁCIL, É SÓ IR SOMANDO NA CABEÇA O 10 OITO VEZES! 10, 20, 30, 40, 50, 60, 70, 80! O 8 VEZES 6 É A MESMA COISA: É SÓ SOMAR O 6 OITO VEZES! 6, 12, 18, 24, 30, 36, 42, 48! DEPOIS, SOMEI O 80 COM O 48 E DEU 128!

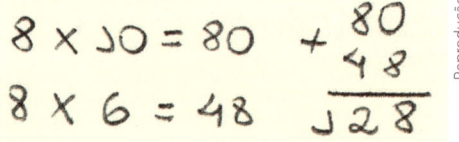

BIA

EU FIZ UMA CONTA ARMADA DE MULTIPLICAÇÃO. PRIMEIRO EU FIZ 8 VEZES 6, QUE DEU 48. AÍ EU ESCREVI O 8 NO RESULTADO E COLOQUEI AS 4 DEZENAS EM CIMA DA DEZENA DO 16. ENTÃO FIZ 8 VEZES 1, QUE DÁ 8, E SOMEI AS 4 DEZENAS DO 40, QUE DEU 12. AÍ EU ESCREVI 12 NO RESULTADO, NO LUGAR DAS DEZENAS, E DEU 128.

VERINHA

Você já sabe fazer multiplicações do jeito da Verinha?

Esse é um dos jeitos que podemos usar para resolver operações que não conseguimos calcular mentalmente: fazendo uma conta armada ou algoritmo. O jeito de Verinha é chamado de algoritmo convencional da multiplicação. Mas existem outros jeitos de resolver multiplicações, como os que João e Bia usaram.

1. Você consegue notar as semelhanças e diferenças entre as estratégias utilizadas por Bia e Verinha para resolver as operações? Converse com os colegas e o professor sobre isso.

2. O professor de João e Bia pediu que cada um criasse um problema sobre este texto. Depois de criarem os problemas, os dois escreveram na lousa só as operações necessárias para a resolução de cada problema.

Você sabia?

Em 1957, ano em que a filial brasileira da Volkswagen começou a funcionar, a produção diária era de oito veículos. O primeiro Fusca brasileiro foi lançado em 1959, obedecendo, com poucas modificações, ao projeto de Ferdinand Porsche, lançado na Alemanha vinte anos antes. A Volkswagen desistiu de fabricá-lo em 1986 para ressuscitá-lo em 1993, por sugestão do presidente Itamar Franco.

Marcelo Duarte. *Guia dos curiosos*.
São Paulo: Companhia das Letras, 1995. p. 224.

- Invente problemas que possam ser resolvidos com os cálculos registrados por João e Bia e discuta-os com os colegas e o professor.

JOÃO

```
    7 10
  1 9 8̷ 6̷
- 1 9 5 9
---------
  0 0 2 7
```

BIA

```
  1 9 5 9
-     2 0
---------
  1 9 3 9
```

Gente que faz!

Jogo das 3 Operações

Material necessário
- alguns pinos
- 2 dados
- tabuleiro da página 79

Número de jogadores
- de 2 a 4 jogadores

Objetivo
- Chegar primeiro ao final do percurso.

Modo de jogar
- Para iniciar, cada jogador lança um dos dados e move seu pino de acordo com os pontos que tirou.
- Na segunda rodada, cada jogador lança os 2 dados e usa os valores para fazer a operação indicada na casa do tabuleiro em que está o seu pino. Em seguida, move seu pino de acordo com o resultado da operação.
- Mas atenção! Nas casas com:
   - ⬅ o jogador deverá mover seu pino no sentido contrário naquela rodada (voltar);
   - ⊙ o jogador deverá permanecer parado por uma rodada.
- Ganha quem chegar primeiro ao final do percurso.

setenta e nove

Algoritmos da multiplicação

1.  Observe como alguns alunos de um 4º ano resolveram este problema de multiplicação e tente entender como cada um pensou.

> Uma loja encomendou 32 caixas de bolas de Natal, com 125 bolas em cada uma. Quantas bolas a loja terá para vender no Natal?

TONINHO

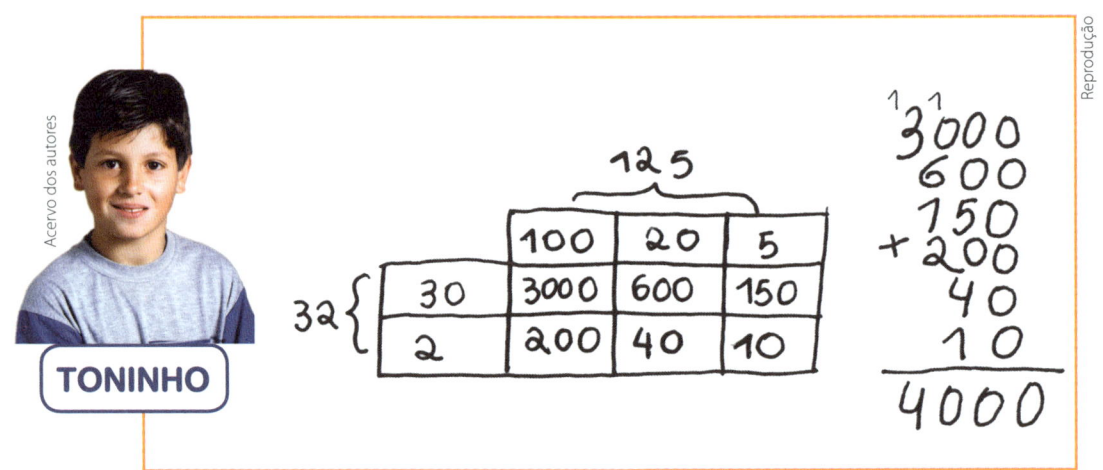

JOÃO

```
   125
 ×  32
  ²¹250
 +¹125
  1250
  1250
  4000
```

VERINHA

BIA

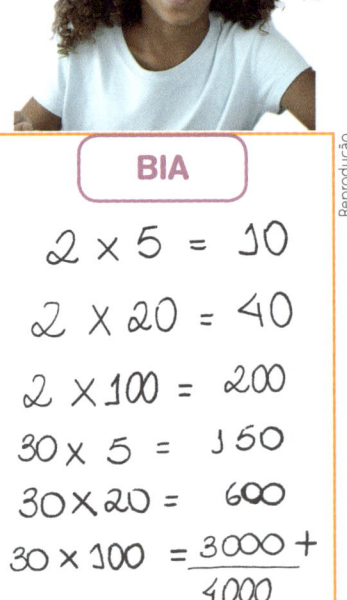

2. Converse com os colegas e o professor sobre como cada criança fez para resolver a multiplicação e responda.

  a) Qual jeito você acha mais fácil de entender? _____

  b) O seu jeito de fazer é igual a algum desses? _____

3. Resolva estes problemas, utilizando um dos jeitos apresentados na página anterior ou outro que você souber.

  a) Um caminhão leva 312 engradados com 24 garrafas de refrigerante em cada um. Quantas garrafas o caminhão leva?

  Resposta: _____

  b) No depósito de uma papelaria há 15 pilhas de cartolina, com 125 cartolinas em cada uma. Quantas cartolinas há no depósito da papelaria?

  Resposta: _____

  c) Nessa mesma papelaria há, também, 200 caixas de lápis de cor, com 12 lápis em cada caixa. Quantos lápis de cor há ao todo?

  Resposta: _____

4. Sente-se ao lado de 2 ou 3 colegas e compare o seu jeito de resolver os problemas com o jeito deles, tentando analisar qual jeito é mais rápido ou mais simples.

Corrigindo multiplicações

1. Nesta atividade, você será o professor!

Bia e João resolveram estes problemas, mas cometeram alguns erros.

- Você deverá observar o que eles fizeram, identificar quem errou e que erro cometeu.
- Depois, escreva quem errou e por que errou em cada um dos problemas.

Uma loja tem 18 televisores. Cada televisor será vendido por 670 reais. Quanto o dono da loja receberá pela venda dos televisores?

```
            ⁵                        ⁵
            6 7 0                    6 7 0
   BIA   ×    1 8           JOÃO  ×    1 8
           ¹5 3 6 0                  5 3 6 0
          + 6 7 0                   + 6 7 0
          ─────────                 ─────────
          1 2 0 6 0                 1 1 0 6 0
```

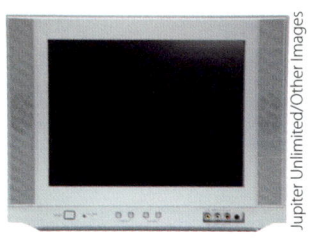

Quem errou? _____

Que erro cometeu? _____

_____

Essa mesma loja tem 13 cafeteiras para vender. O preço de cada uma é 157 reais. Quanto o dono da loja receberá pela venda das cafeteiras?

```
          ¹ ²                      ¹ ²
          1 5 7                    1 5 7
   BIA  ×   1 3           JOÃO  ×   1 3
         ¹                         ¹
            4 7 1                    4 7 1
         ¹
        + 1 5 7                  + 1 5 7
        ─────────                ─────────
        2 0 4 1                    6 2 8
```

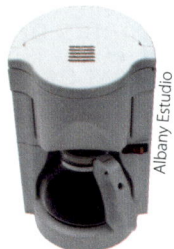

Quem errou? _____

Que erro cometeu? _____

_____

2. Estes problemas foram resolvidos de forma errada. Resolva-os corretamente.

a) Um prédio tem 18 andares com 14 consultórios médicos em cada andar. Quantos consultórios há no prédio?

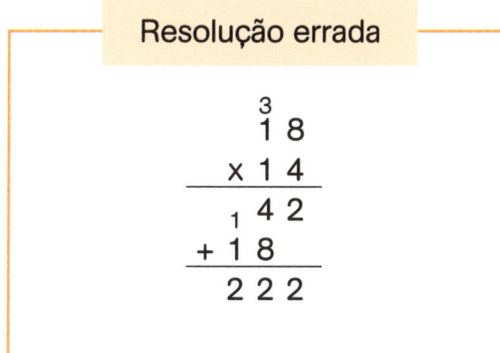

Resposta: _____

b) Ao lado desse prédio, há um grande estacionamento, dividido em 16 setores. Em cada setor cabem 49 carros. Quantos carros cabem no estacionamento?

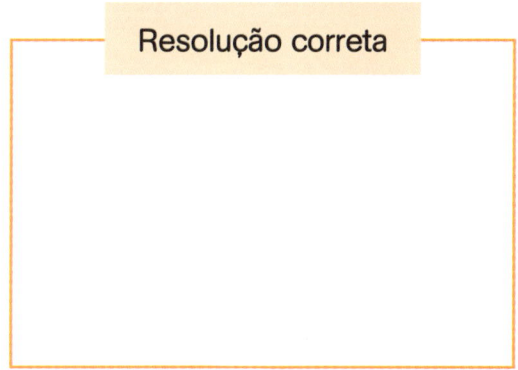

Resposta: _____

c) Nélson comprou um computador, pagando 12 prestações de 184 reais. Quanto Nélson pagou pelo computador?

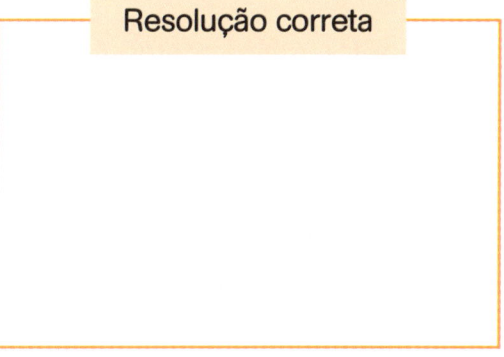

Resposta: _____

oitenta e três **83**

Estimando e calculando

Você sabia?

O bondinho do Pão de Açúcar, no Rio de Janeiro, tem capacidade para 75 passageiros. O percurso entre o Pão de Açúcar e o morro da Urca é de aproximadamente 700 metros.

Vista do bondinho, no Rio de Janeiro.

1. Consulte o texto do "Você sabia?" e faça uma estimativa dos resultados das questões a seguir. Depois calcule mentalmente, tentando encontrar resultados mais exatos.

Problemas	Estimativa	Cálculo mental
Esta manhã, o bondinho subiu 3 vezes com a lotação máxima. Quantas pessoas foram nessas viagens?		
Quantos metros percorre o bondinho para subir e descer duas vezes do Pão de Açúcar para a Urca?		
Num fim de semana, o bondinho subiu lotado trinta vezes. Quantas pessoas subiram nessas viagens?		

• Que tal pegar uma calculadora e conferir suas estimativas, cálculos mentais e escritos? Você também pode utilizar outros procedimentos de cálculo para conferir suas respostas!

2. Observe os procedimentos usados por Toninho e Verinha para conferir os resultados dos itens **a** e **b** da atividade 1.

TONINHO

a) 75 + 75 = 150
   150 + 75 = 225

b) 700 + 700 = 1400
   1500 + 1500 = 3000
   3000 − 200 = 2800

VERINHA

a) 70 × 3 = 210
   5 × 3 = 15
   210 + 15 = 225

b) 700 + 700 = 1400
   1000 × 2 = 2000
   400 × 2 = 800
   2000 + 800 = 2800

 • Converse com os colegas e o professor sobre como eles resolveram os dois itens de formas tão diferentes e chegaram aos mesmos resultados.

3. Observe estas operações e estime seus resultados sem fazer nenhuma anotação. Depois circule o número que você acha que mais se aproxima do resultado correto.

a)	32 × 5	100	150	200
b)	28 × 4	110	150	200
c)	1301 + 2800	3000	3500	4000
d)	5296 − 3100	1400	1800	2200

 • Compare suas respostas com as dos colegas.

oitenta e cinco **85**

Lendo e interpretando gráficos

1. Observe estes gráficos de barras e de linhas, sobrepostos, que ilustram a manchete de um jornal.

Quanto mais violentos os jogos de futebol nas copas do mundo, menos gols ocorrem nas partidas

- Média de gols por partida
- Total de expulsões

Média de gols por partida: 3,9 (1930); 4,1 (1934); 4,7 (1938); 4,0 (1950); 5,4 (1954); 3,6 (1958); 2,8 (1962); 2,8 (1966); 3,0 (1970); 2,6 (1974); 2,7 (1978); 2,6 (1982); 2,5 (1986); 2,2 (1990); 2,7 (1994)

Total de expulsões: 1 (1930); 1 (1934); 4 (1938); 3 (1954); 2 (1958); 6 (1962); 5 (1966); 5 (1974); 3 (1978); 5 (1982); 8 (1986); 16 (1990); 15 (1994)

Fonte: disponível em <http://esporte.uol.com.br/copa>.

- Você concorda com a afirmação da manchete? Converse com os colegas e o professor.

2. Responda de acordo com o gráfico da atividade 1.

a) Em quais copas não houve expulsões de jogadores? _____

b) Quais foram as três copas que tiveram mais jogadores expulsos?

_____

c) Qual é a diferença entre o número de jogadores expulsos nas copas de 1930 e 1990?

_____

d) Em qual copa houve a maior média de gols por partida? _____

e) E em qual copa houve a menor média de gols por partida? _____

Gol do jogador Müller na Copa do Mundo de 1990, na Itália. Nesse jogo o Brasil eliminou a Escócia do torneio com uma vitória de 1 x 0.

3. Observe agora este gráfico de setores feito por alunos do 4º ano de uma escola em Belo Horizonte (MG), com as intenções de voto para prefeito da cidade, no ano de 2004, e responda às questões.

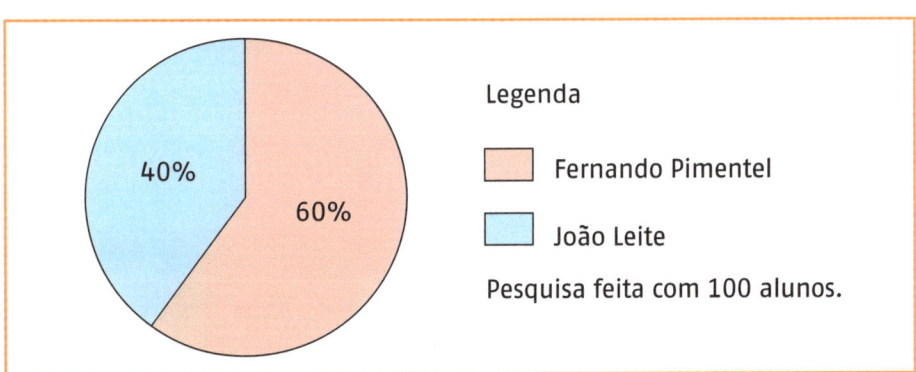

a) Quantos candidatos a prefeito aparecem no gráfico? _____

b) Qual candidato aparece com maior número de intenções de voto?

_____

c) Converse com os colegas e o professor sobre a quantidade de votos que cada candidato receberia, considerando que os eleitores seriam os 100 alunos entrevistados.

oitenta e sete **87**

Explorando as quatro operações

1. Você sabe o que é uma operação? Veja as cenas e converse com os colegas a esse respeito.

- O que você pôde concluir a respeito do significado da palavra **operação**? Converse com os colegas e o professor.

2. Responda.

a) Em Matemática, o que significa operação? Procure em um dicionário e anote.

_____

_____

_____

b) Que operações matemáticas você conhece?

_____

_____

> As quatro operações fundamentais da Matemática são a **adição**, a **subtração**, a **multiplicação** e a **divisão**. Com elas podemos resolver muitos dos problemas que enfrentamos na rua, em casa e no trabalho.
>
> Usamos os sinais: **+** para adição, **−** para subtração, **·** ou **×** para multiplicação e **:** ou **÷** para divisão.

3. Utilizando apenas os números deste quadro, faça o maior número de operações diferentes que conseguir.

Lembre-se: os três números utilizados em cada operação, incluindo o resultado, devem ser riscados do quadro.

Exemplo:

2 + 3 = 5

2	25	10
150	75	3
50	5	100

oitenta e nove **89**

Usando as quatro operações

1. Complete as expressões com os sinais que as tornam verdadeiras.

a) 2 ☐ 2 = 0   d) 1 ☐ 1 = 0   g) 2 ☐ 1 = 2

b) 2 ☐ 2 = 1   e) 1 ☐ 1 = 1   h) 1 ☐ 2 = 2

c) 2 ☐ 2 = 4   f) 3 ☐ 3 = 1   i) 4 ☐ 2 = 2

2. Observe atentamente as operações que você fez e tente responder às questões.

a) O que acontece quando dividimos um número por ele mesmo?

_____

b) E quando multiplicamos um número por 1?

_____

c) O que acontece ao somarmos um número a ele mesmo?

_____

d) E quando subtraímos um número dele mesmo?

_____

3. Que tal experimentar os efeitos de cada operação ao usarmos determinados números?
Para cada par de números abaixo, você deverá fazer uma adição, uma subtração, uma multiplicação e uma divisão. Ao terminá-las, analise os resultados obtidos e curiosidades que tenha observado.

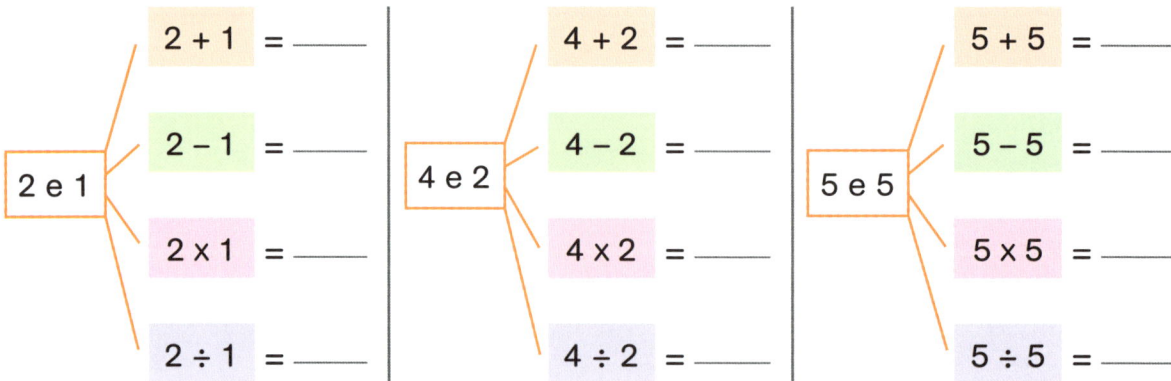

4. Resolva as operações na ordem em que são propostas no corpo da serpente. Ao final, encontre a resposta para esta pergunta:

Quantas cabeças tinha Hidra, figura mitológica em forma de serpente?

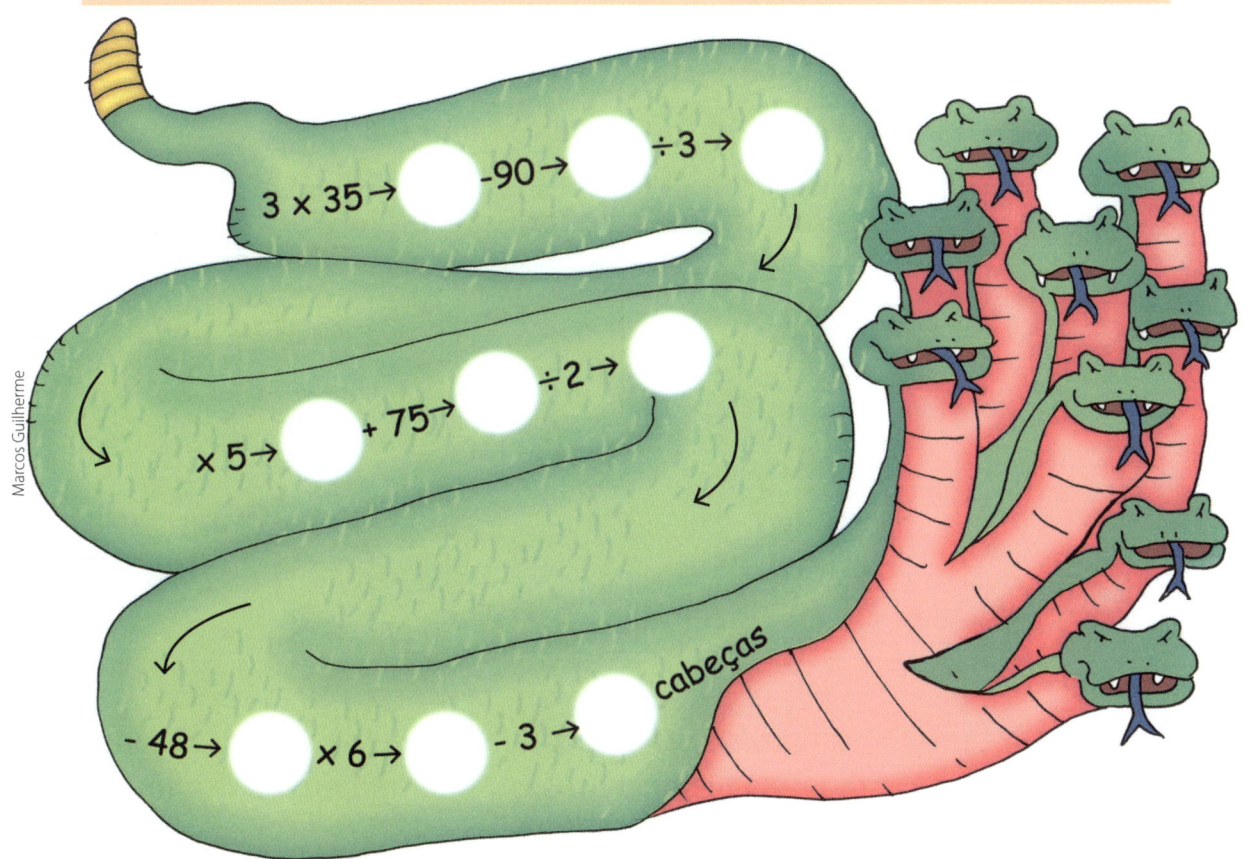

Segundo a mitologia grega, Hidra de Lerna era um ser monstruoso, com muitas cabeças, que renasciam se não fossem cortadas todas de uma só vez.

5. Descubra os segredos destas sequências numéricas e complete-as com os próximos 5 números.

a) 1, 2, 4, 7, 11, _____, _____, _____, _____, _____.

b) 1, 2, 4, 8, 16, _____, _____, _____, _____, _____.

c) 1, 3, 9, 27, _____, _____, _____, _____, _____.

d) 1 920, 960, 480, _____, _____, _____, _____, _____.

 • O que você fez para descobrir o segredo de cada uma das sequências? Converse com os colegas e observe como cada um pensou.

Resolvendo e inventando problemas

1. Resolva estes problemas de dois jeitos diferentes.

a) Antônio é o maior criador de porcos da região em que mora. Este mês ele comprou 500 quilogramas de ração em sacos de 5 quilogramas. Quantos sacos de ração ele comprou?

1º jeito   2º jeito

Resposta: _____

b) Um teatro tem 250 cadeiras distribuídas em 25 fileiras. Quantas cadeiras há em cada fileira, se todas as fileiras têm o mesmo número de cadeiras?

1º jeito   2º jeito

Resposta: _____

c) Otávio levou 75 caixas de ovos para distribuir igualmente em 3 mercados da região. Quantas caixas ele deixou em cada mercado?

1º jeito   2º jeito

Resposta: _____

92 noventa e dois

2. Veja como Bia resolveu o problema **a** de duas formas diferentes:

> Antônio é o maior criador de porcos da região em que mora. Este mês ele comprou 500 quilogramas de ração em sacos de 5 quilogramas. Quantos sacos de ração ele comprou?

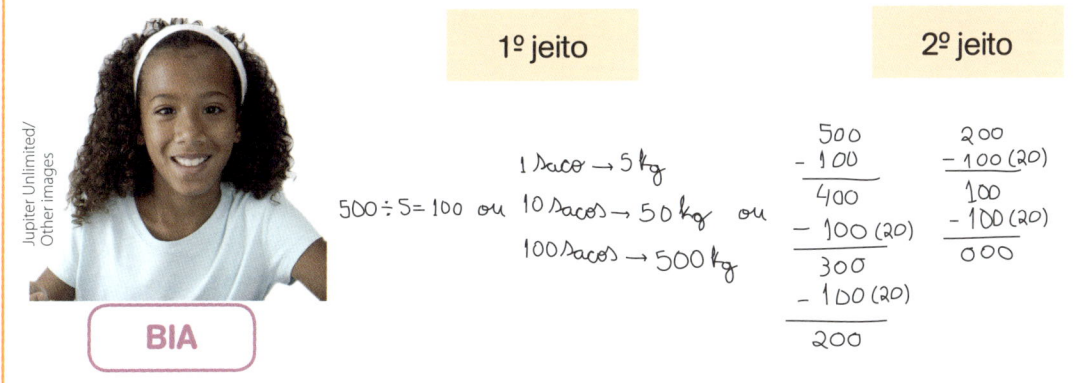

BIA

- Compare os jeitos que Bia resolveu o problema **a** com os seus jeitos.

3. Observe a ilustração e invente um problema utilizando as informações dadas.

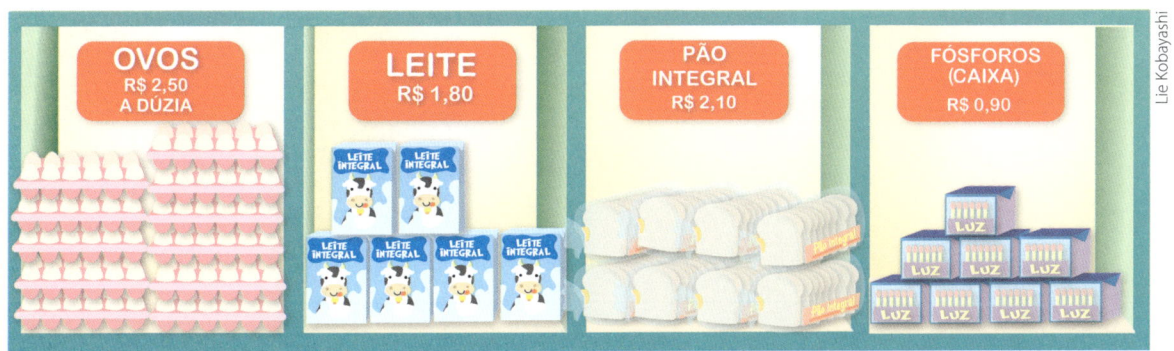

OVOS — R$ 2,50 A DÚZIA
LEITE — R$ 1,80
PÃO INTEGRAL — R$ 2,10
FÓSFOROS (CAIXA) — R$ 0,90

_____

_____

- Troque de livro com um colega, para que ele leia o seu problema e resolva-o.

Resposta: _____

Resolvido por: _____

noventa e três **93**

Rede de Ideias

1. Resolva este problema de duas formas diferentes.

> Irene empilhou todas as caixas de doces que ela fez. Arrumou 6 pilhas com 7 caixas em cada uma. Quantas caixas ela arrumou?

1º jeito

2º jeito

Resposta: _____

2. Leia a fala de João e responda.

JOÃO

EU DESCOBRI QUE POSSO RESOLVER QUALQUER MULTIPLICAÇÃO, MESMO SEM SABER AS TABUADAS.

- Você concorda com o João? É possível resolver multiplicações sem saber a tabuada? Converse com os colegas e o professor sobre isso.

3. Encontre números para preencher as lacunas do texto, tornando-o verdadeiro.

Alice fez a sua festa de aniversário no sábado, dia ____ de _____. Sua mãe mandou os convites pelo correio 10 dias antes, no dia ____ de maio. A festa começou às ____ horas e terminou às ____ horas, ou seja, durou ____ horas.

Alice convidou ____ pessoas e calculou tudo certinho para não faltar nada nem sobrar muito. Contando com Alice e sua mãe seriam ____ pessoas. Para cada sanduíche, reservou duas fatias de pão de fôrma. Se cada uma das pessoas comesse ____ sanduíches, seriam necessárias ____ fatias de pão. Se cada pacote de pão de fôrma tem 20 fatias, seriam necessários ____ pacotes.

Alice calculou que cada grupo de 5 pessoas tomaria uma garrafa de refrigerante contendo 2 litros. Então comprou ____ garrafas.

O pacote de pão custa R$ 3,50 e cada refrigerante, R$ 2,25. Então, Alice gastou ____ nessa compra. A avó de Alice tinha lhe dado R$ 50,00 para as compras e, portanto, sobraram/faltaram ____.

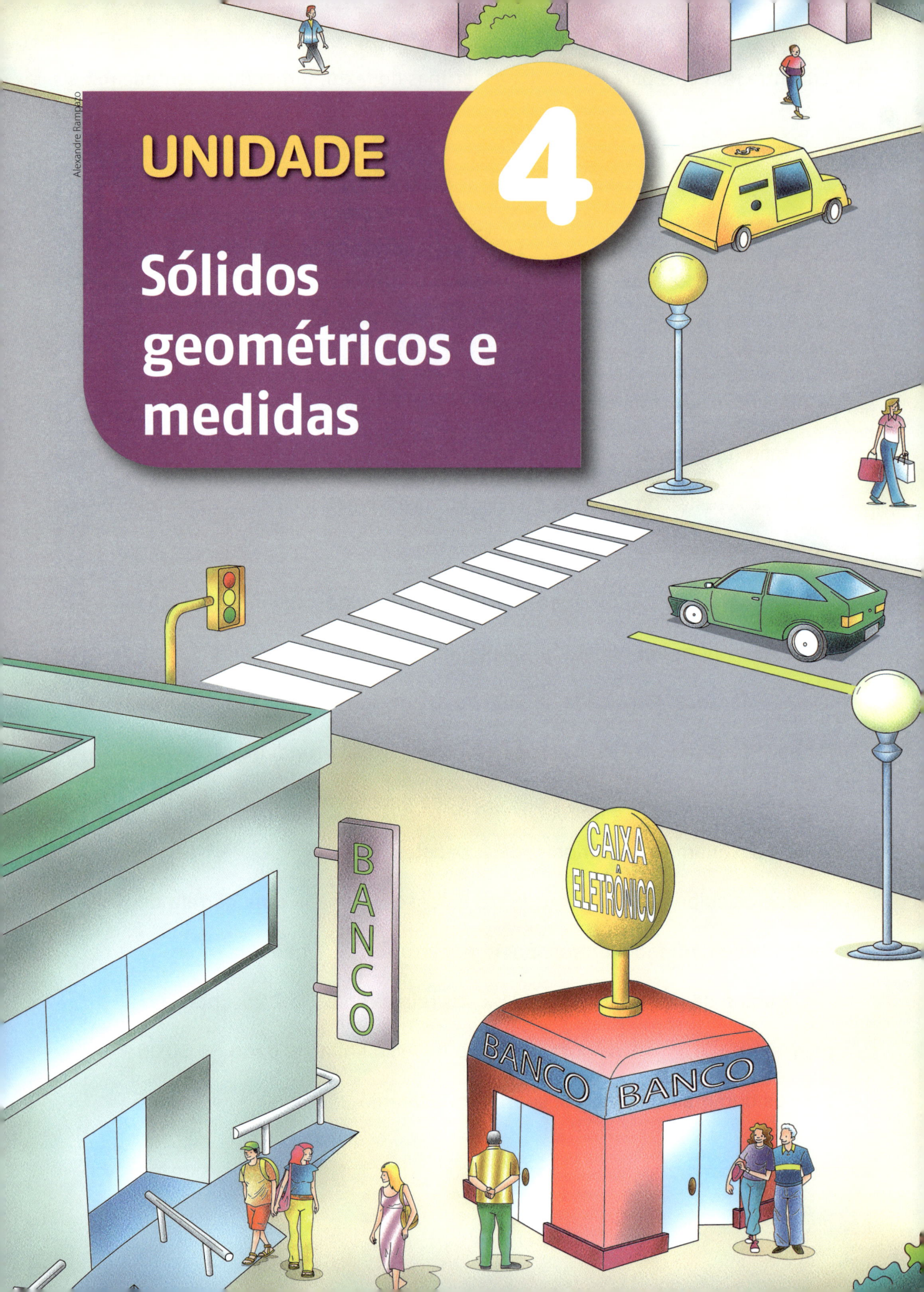

UNIDADE 4

Sólidos geométricos e medidas

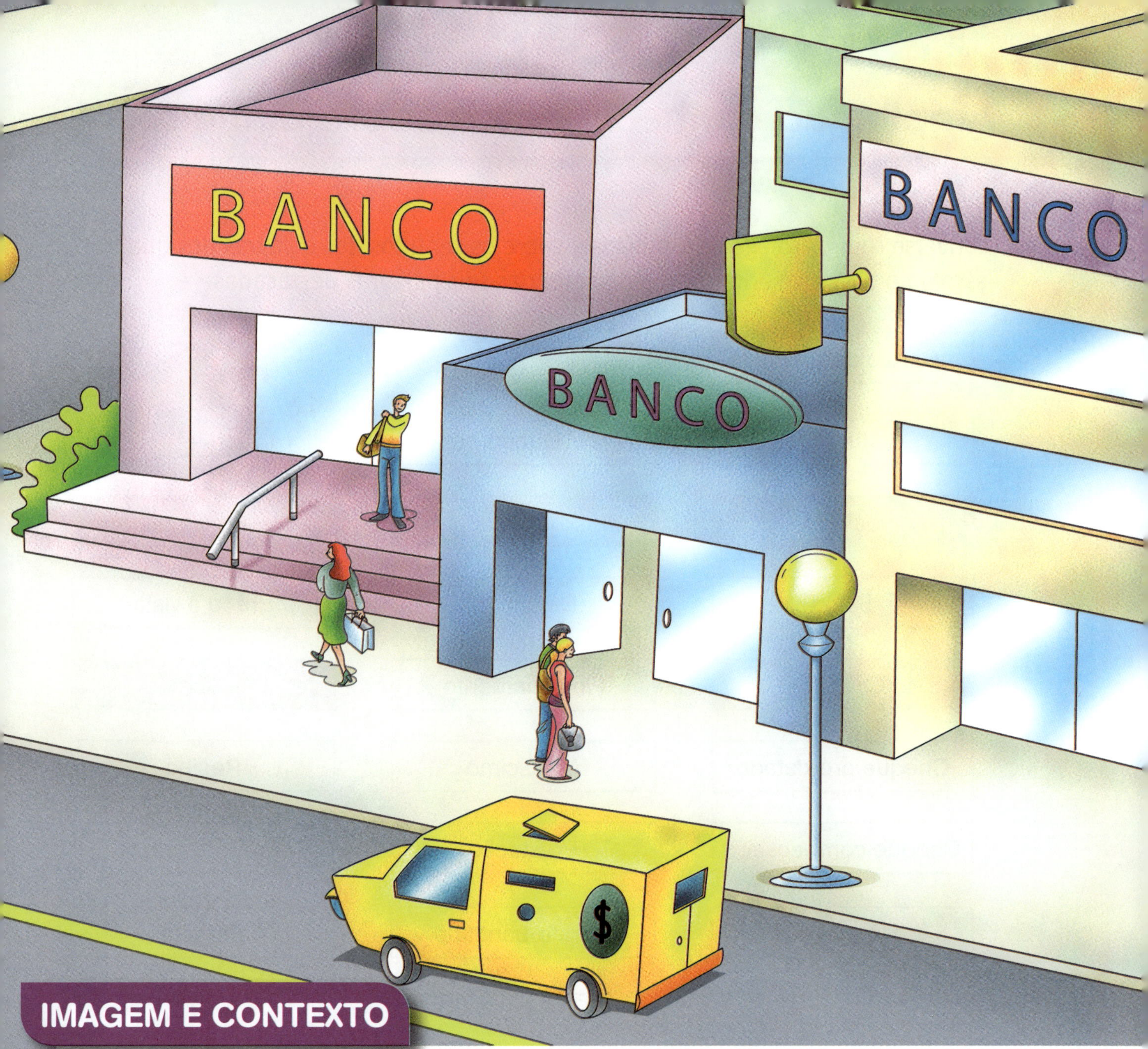

IMAGEM E CONTEXTO

1. Na ilustração há diversos estabelecimentos. Que tipo de estabelecimentos são esses? O que as pessoas costumam fazer neles? Converse com os colegas e o professor sobre isso.

2. Estime quantas pessoas aparecem entrando e saindo dos estabelecimentos. Depois, conte essas pessoas e compare com a sua estimativa.

   Estimativa: **Número real:**

3. Por que, atualmente, é muito comum as pessoas utilizarem os estabelecimentos retratados na ilustração? Será que sempre foi assim? Converse com os colegas e o professor.

Ampliando conhecimentos sobre dinheiro

1. Converse com os colegas e o professor sobre os sentidos das palavras dos quadros e escreva o que você entendeu a respeito das seis palavras destacadas.

Cartão de crédito		
Juros	Débito	
Salário	**Poupança**	**Prejuízo**
Saldo	**Desconto**	Preço à vista
Cheque	Financiamento	**Lucro**
Cheque pré-datado	Acréscimo	Recibo
Cheque compensado	Prestação	Preço a prazo
Nota fiscal	Extrato bancário	Parcela

Jesus Dias

_____
_____
_____
_____
_____
_____
_____

98 noventa e oito

2. Leia o que um adulto escreveu sobre algumas palavras do quadro da atividade 1.

Entrevista com: Carla *idade:* 42 anos
Profissão: dentista

1. **Saldo:** quantidade de dinheiro disponível no banco
2. **Nota fiscal:** comprovante de compra
3. **Financiamento:** pagamento feito em várias parcelas
4. **Parcela:** cada uma das partes do preço a prazo
5. **Recibo:** comprovante de pagamento
6. **Extrato bancário:** informativo do banco sobre a movimentação de conta do cliente

- As definições dadas por Carla são parecidas com as suas? Converse com os colegas e o professor.

3. Luísa é secretária de uma clínica médica. Ela faz recibos para todos os clientes. Observe o valor deste recibo e escreva esse valor por extenso.

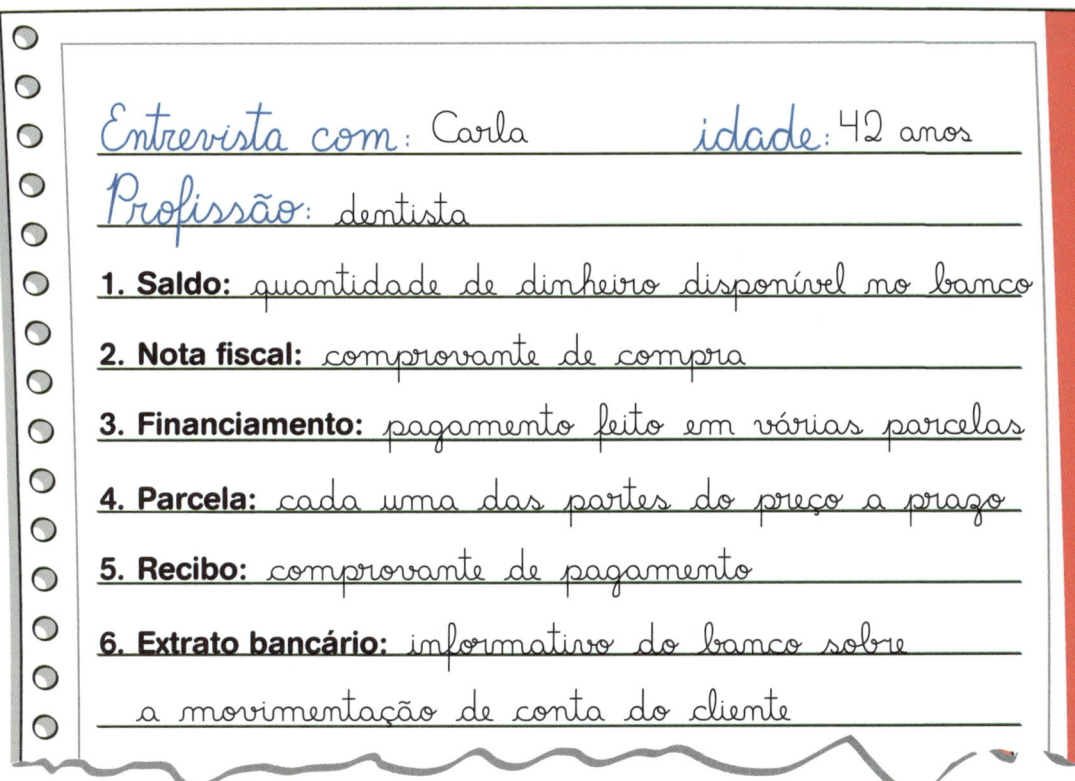

RECIBO R$ 2.060,00

Recebi do(a) Sr.(a) Ana dos Santos

a quantia de ....

referente à cirurgia de miopia

Recife, 7 de agosto de 2009

Assinatura Dr. José Mazziol CRM3073

Mexendo com dinheiro

1. Observe este folheto da Loja dos Irmãos.

Loja dos Irmãos

Radiogravador
R$ 69,00 à vista ou
entrada: R$ 23,00
mais 2 prestações de
R$ 23,00 mensais
sem acréscimo
Total a prazo: R$ 69,00

Liquidificador
R$ 60,00 à vista ou
entrada: R$ 20,00
mais 2 vezes de R$ 23,00

Calculadora
R$ 5,50 à vista

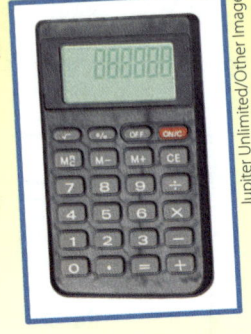

Televisor
21 polegadas em cores
com controle remoto
R$ 395,00 à vista ou
entrada: R$ 59,30
mais 10 vezes de R$ 59,30

- Calcule em uma folha à parte e responda à pergunta de cada pessoa.

VOU COMPRAR O TELEVISOR A PRAZO. QUANTO GASTAREI NO TOTAL?

TENHO R$ 75,00. QUERO COMPRAR À VISTA O RADIOGRAVADOR E A CALCULADORA. SERÁ POSSÍVEL? POR QUÊ?

TENHO R$ 23,50 E QUERO COMPRAR O LIQUIDIFICADOR À VISTA. QUANTO AINDA PRECISO PARA EFETUAR A COMPRA?

QUERO COMPRAR O TELEVISOR E O RADIOGRAVADOR À VISTA. QUANTO VOU PAGAR NO ATO DA COMPRA?

2. Paulo e Bia saíram para pesquisar os preços de alguns eletrodomésticos e encontraram preços diferentes para os mesmos produtos. Quanto pagariam em cada loja se comprassem os três produtos? Faça os cálculos em uma folha à parte e complete a tabela.

Produto / Loja	Bem Barato	Eletrotudo	Casas Sul
geladeira	R$ 824,00	R$ 796,00	R$ 854,00
fogão	R$ 285,00	R$ 319,00	R$ 330,00
televisor	R$ 345,00	R$ 318,00	R$ 302,00
Total			

- Quanto Paulo e Bia gastariam para comprar os três produtos escolhendo os menores preços de cada loja?

cento e um **101**

Nota fiscal e problemas com dinheiro

1. Rui é dono de uma loja de materiais de construção. Ele orienta seus funcionários a entregar nota fiscal para todos os compradores. Descubra os valores que faltam nestas notas e escreva-os. Registre na malha as operações que você fez para descobrir cada valor.

Loja Compre Aqui
Materiais para Construção
Rua Antônio Carlos, 155 – Centro
Fone: 3113-3113
São Luís – MA

NOTA FISCAL DE SERVIÇOS
Rua Antônio Carlos, 155 – Centro
Fone 3113-3113
São Luís – MA
Inscr. no CGC (MF) Nº 60.100.003/1121-00
Inscr. Municipal Nº 1400-0

Unid.	Mercadoria	Preço Unitário	Total R$
2	Milheiros de telhas	350,00	700,00
5	Milheiros de tijolos	200,00	
4	Milheiros de blocos	500,00	
5	Sacos de argamassa		35,00
	Sacos de cimento	9,00	90,00

Total R$ ....

Loja Compre Aqui
Materiais para Construção
Rua Antônio Carlos, 155 – Centro
Fone: 3113-3113
São Luís – MA

NOTA FISCAL DE SERVIÇOS
Rua Antônio Carlos, 155 – Centro
Fone 3113-3113
São Luís – MA
Inscr. no CGC (MF) Nº 60.100.003/1121-00
Inscr. Municipal Nº 1400-0

Unid.	Mercadoria	Preço Unitário	Total R$
4	Janelas	125,00	
	Portas	200,00	400,00
4	Batentes		320,00
2	Maçanetas	20,00	

Total R$ ....

2. Calcule mentalmente e responda.

A mesada de Marcelo é de R$ 20,00 e a de Rafael, seu irmão mais velho, é de R$ 15,00. Eles resolveram juntar as mesadas, durante três meses, para comprar um jogo eletrônico.

a) Quanto Marcelo conseguiu juntar nesses três meses?

_____

b) E Rafael, quanto juntou nesses três meses?

_____

c) Quanto Marcelo e Rafael conseguiram juntar ao todo?

_____

d) O menor preço que Marcelo e Rafael encontraram para o jogo eletrônico foi de R$ 100,00. Se eles pegarem todo o dinheiro que guardaram durante os três meses, conseguirão comprar o jogo? Por quê?

_____

e) Juntando 1 ano de mesada, quanto dinheiro terá Marcelo? E Rafael?

_____

f) Quanto terão os dois juntos em 1 ano?

_____

3. No final do ano, o pai dos meninos resolveu aumentar a mesada de Marcelo em R$ 5,00 e dar a Rafael R$ 6,00 por semana. Quanto cada um recebe, agora, por mês?

_____

_____

cento e três **103**

Medindo o tempo

1. Responda a estas questões sobre o relógio analógico (com ponteiros).

a) Como vemos as horas? _____

_____

b) O que marca o ponteiro pequeno? _____

c) E o ponteiro grande? _____

d) Há outro ponteiro? O que ele marca? _____

2. Complete as informações do quadro.

> Um dia tem _____ horas, uma hora tem _____ minutos e um minuto tem _____ segundos.

3. Veja como a mesma hora, marcada no relógio analógico, pode aparecer de diferentes formas nos relógios digitais.

Relógio analógico	Mostradores de relógios digitais

9 horas e 33 minutos ou
21 horas e 33 minutos

9 horas e 33 minutos ou
21 horas e 33 minutos

> Nos relógios digitais, as letras AM indicam um horário antes do meio-dia e PM, um horário depois do meio-dia.

 Converse com os colegas e o professor sobre as semelhanças e diferenças entre os relógios e por que elas acontecem.

Depois do meio-dia, podemos falar as horas a partir do 12 de diferentes formas. Veja:

1 hora (da tarde) ou 13 horas   1 e meia (da tarde) ou 13 horas e 30 minutos   2 horas (da tarde) ou 14 horas

4. Observe a paisagem na janela e a hora marcada em cada relógio. Escreva que horas mostram os vários relógios ilustrados, utilizando as 24 horas do dia.

a)

b)

c)

d)

e)

f)

cento e cinco **105**

Anúncios e horas

> **Você sabia?**
>
> Apesar de as pessoas representarem as horas de vários jeitos, há uma maneira considerada mais adequada, utilizando as abreviações das horas (**h**), dos minutos (**min**) e dos segundos (**s**). Veja:
>
> 4 horas e 15 minutos = 4h15min
>
> 1 hora, 23 minutos e 50 segundos = 1h23min50s

1. Embora exista uma maneira considerada mais adequada para registrar as horas e os minutos, diferentes formas são utilizadas em jornais, revistas e cartazes de propaganda. Observe este anúncio e responda às perguntas, registrando as respostas de acordo com o texto acima.

a) Quantas formas de marcar as horas o anúncio apresenta?

b) Quanto tempo de aula há por dia?

c) Quantas horas de aula há durante uma semana?

2. Observe os dias e horários de funcionamento desta loja e responda às perguntas.

a) Quanto tempo a loja fica aberta aos sábados? _____

b) Quanto tempo por dia a loja fica aberta de segunda-feira a sexta-feira?

_____

c) No sábado, a loja fica aberta quanto tempo a menos do que durante a semana?

_____

3. Complete o quadro com informações sobre o seu dia-a-dia.

Meu dia e minhas horas

a) A que horas você se levanta? _____

b) A que horas você se deita? _____

c) Quantas horas você fica na escola? _____

d) Quanto tempo você usa para brincar? _____

e) Quanto tempo você gasta para tomar banho? _____

Marcando e calculando horas

1. Complete as lacunas do texto **O dia de Caio** com os horários do quadro, de modo que o texto fique correto.

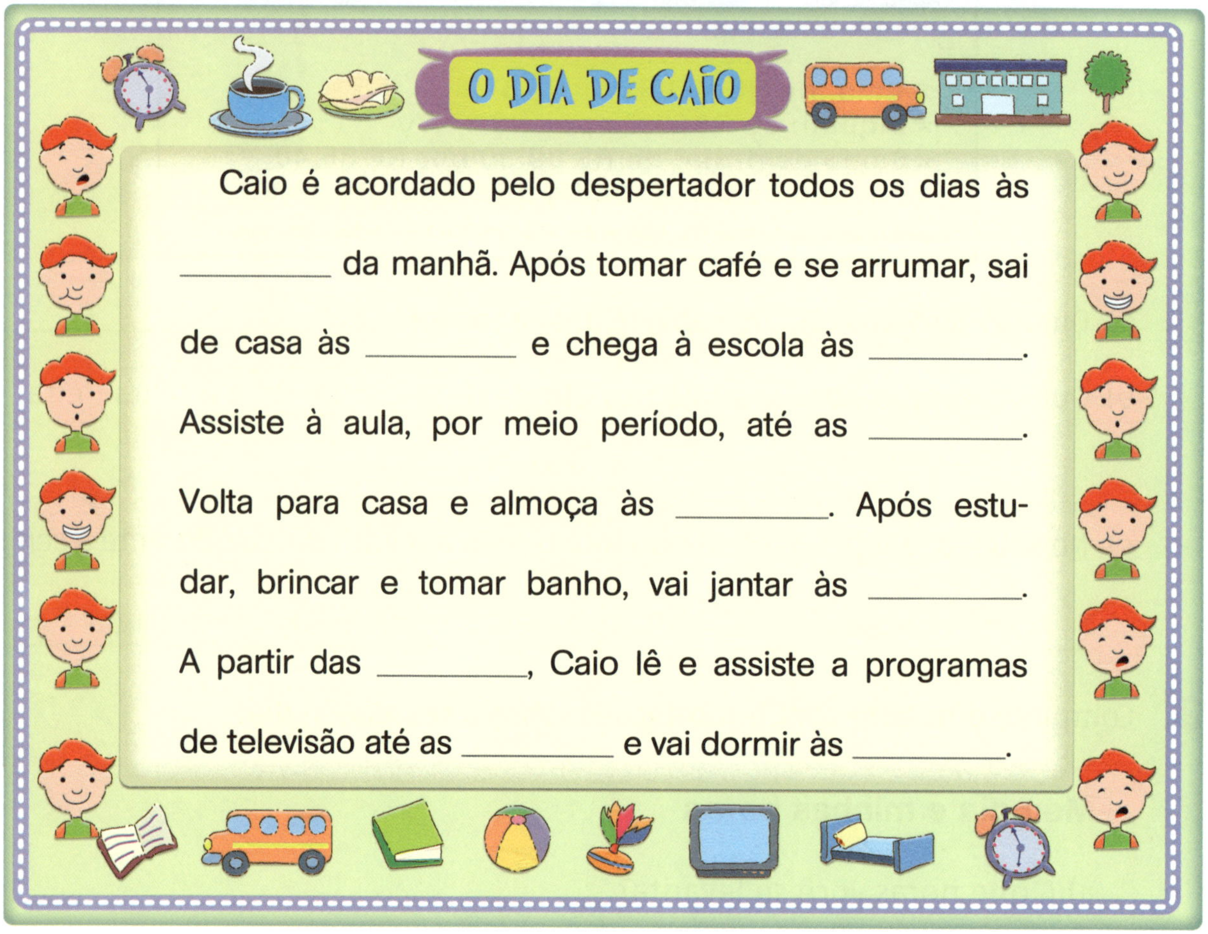

O DIA DE CAIO

Caio é acordado pelo despertador todos os dias às _____ da manhã. Após tomar café e se arrumar, sai de casa às _____ e chega à escola às _____. Assiste à aula, por meio período, até as _____. Volta para casa e almoça às _____. Após estudar, brincar e tomar banho, vai jantar às _____. A partir das _____, Caio lê e assiste a programas de televisão até as _____ e vai dormir às _____.

2. Responda.

a) Quanto tempo Caio dorme por dia? _____

b) Quanto tempo Caio fica na escola? _____

c) Por quanto tempo Caio lê e assiste à televisão? _____

Gente que faz!

Batalha de Multiplicação

Material necessário
- cartas numeradas da ficha 10 do Material Complementar

Número de jogadores
- 2 jogadores

Objetivo
- Ganhar mais cartas que o adversário.

Modo de jogar
- Primeiro, embaralhar e distribuir, igualmente, todas as cartas entre os dois jogadores.
- Cada jogador separa as suas cartas em dois montes, que são colocados na mesa com as faces numeradas voltadas para baixo.
- Ao sinal "já", os dois jogadores viram duas cartas, uma de cada monte, e multiplicam seus valores.
- Aquele cujo resultado da multiplicação for o maior ganha as 4 cartas da mesa e coloca-as em um monte separado.
- Quando acabarem as cartas dos dois montes, cada jogador conta quantas cartas conseguiu juntar em seu monte separado. O vencedor será aquele que ficar com o maior número de cartas.

ACHO QUE GANHEI! O MEU DEU **36** (4 X 9) E O SEU É **28** (7 X 4)!

Figuras planas nos sólidos geométricos

Ao planificar a superfície de sólidos geométricos, podemos observar a presença de diferentes figuras planas. Veja a planificação da superfície de um paralelepípedo e quais figuras planas o compõem.

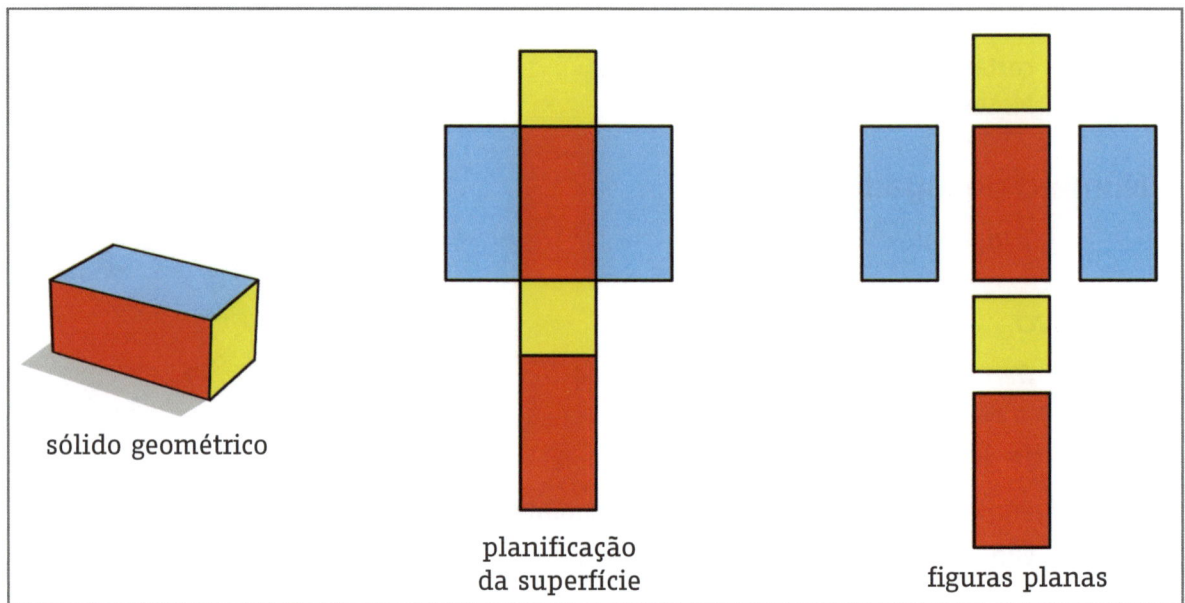

sólido geométrico — planificação da superfície — figuras planas

1. Tente imaginar como ficariam as superfícies destes sólidos geométricos quando planificadas. Desenhe-as e, em seguida, escreva quantas e quais figuras planas as compõem.

Sólido	Nome	Planificação	Quantas e quais figuras planas compõem a planificação
	Cilindro		
	Cubo		
	Prisma de base retangular		
	Prisma de base triangular (tetraedro)		

2. Tente imaginar a que sólidos geométricos se referem estas planificações de superfícies. Em seguida, recorte as planificações do Material Complementar e comprove as suas hipóteses. Escreva o nome e as características das formas que surgirem.

a)

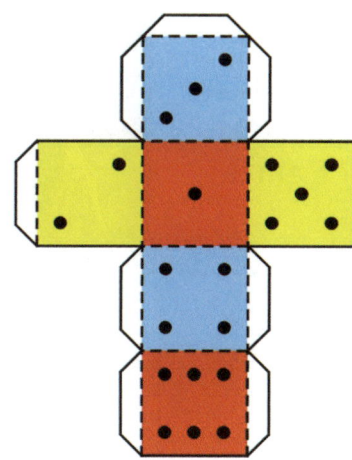

Nome: _____

Características: _____

_____

_____

b)

Nome: _____

Características: _____

_____

_____

c)

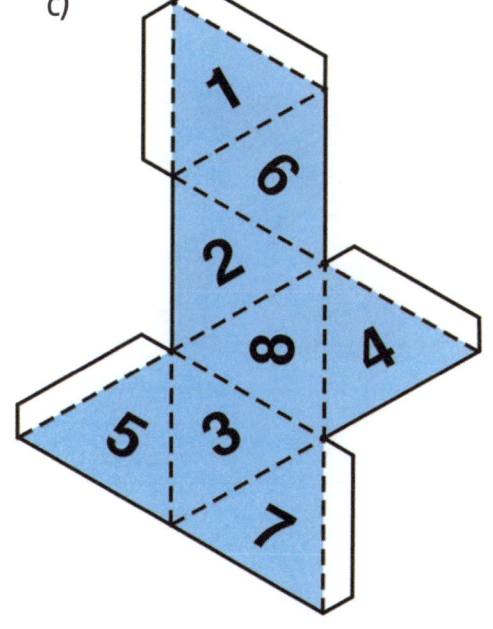

Nome: _____

Características: _____

_____

_____

cento e onze **111**

Estimativas, cálculo mental e cálculo escrito

1. Calcule mentalmente e complete as tabelas.

a) Uma girafa percorre aproximadamente 50 quilômetros em uma hora. Nessa velocidade, quantos quilômetros ela percorreria, aproximadamente, em 2 horas? E em 3, 4, 5 e 10 horas?

Tempo decorrido (em horas)	1	2	3	4	5	10
Distância percorrida (em quilômetros)	50					

b) Complete a tabela com quantos quilômetros percorre um carro que viaja à velocidade média de 80 quilômetros por hora. Imagine que a viagem começa à 0 hora e termina às 8 horas. Anote a distância percorrida pelo automóvel a cada hora.

Tempo decorrido (em horas)	0	1	2	3	4	5	6	7	8
Distância percorrida (em quilômetros)	0	80							

c) Um pombo está a 600 quilômetros de casa. Quantas horas ele levaria para retornar à sua casa se voasse 100 quilômetros por hora? Complete a tabela, mostrando quantos quilômetros faltam para o pombo voltar para casa a cada hora passada, até que ele conclua todo o percurso.

Tempo decorrido (em horas)	0	1	2	3	4	5	6
Distância que falta para ser percorrida (em quilômetros)	600	500					

2. Resolva estes problemas e, em seguida, converse com os colegas sobre as operações e os procedimentos que você usou para resolver cada um: cálculo mental, escrito ou outros procedimentos de cálculo.

a) Em uma parada, 8 pessoas embarcaram em um ônibus, completando a lotação de 45 passageiros. Quantas pessoas estavam no ônibus antes dessa parada?

Resposta: _____

b) Outro ônibus chegou ao ponto. Desembarcaram 3 pessoas e ficaram 25 pessoas no interior dele. Quantas pessoas estavam no ônibus antes dessa parada?

Resposta: _____

c) Na primeira parada de um ônibus que transportava 30 passageiros, desceram 5 passageiros e subiram 2. Na segunda parada, desembarcaram 2 passageiros e embarcaram 5. Com quantos passageiros o ônibus seguiu viagem?

Resposta: _____

Pintando com quatro cores

Você acha que apenas quatro cores bastam para colorir qualquer mapa ou desenho, sem que regiões vizinhas sejam pintadas com a mesma cor?

Essa questão foi estudada por vários matemáticos e só foi respondida depois de mais de cem anos após a sua formulação.

Tudo começou em 1852 quando **Francis Guthrie**, na época recém-formado pela Universidade de Londres, na Inglaterra, percebeu que a maioria dos mapas encontrados em atlas era pintada com quatro cores, respeitando-se o critério de não pintar com a mesma cor regiões vizinhas.

Devido a esse estudo, surgiu até um jogo, chamado **Jogo das 4 Cores**.

1. Observe este desenho, que foi pintado com apenas quatro cores.

Desenho utilizando apenas quatro cores, inspirado em *A leitora* (1932), de Pablo Picasso.

2. Agora, tente pintar este outro desenho usando só 4 cores para testar se a ideia de Francis Guthrie estava certa.

Desenho inspirado no quadro *A boneca* (1928), de Tarsila do Amaral.

3. Assim que acabar de pintar, verifique se as cores iguais realmente não se encontram. Caso elas se encontrem, fique tranquilo! Essa atividade não é tão simples como parece.

4. Converse com os colegas e descubram algumas estratégias para pintar sem deixar as cores iguais juntas. Anote-as.

_____

_____

cento e quinze **115**

Gente que faz!

Jogo das 4 Cores

Material necessário

- 4 lápis ou canetas de cores diferentes
- papéis brancos

Número de jogadores

- 2 jogadores

Objetivo

- Conseguir pintar mais partes da figura do que o adversário.

Modo de jogar

- Um jogador inicia pintando qualquer parte do desenho da página 117, com uma das quatro cores.
- Cada jogador pinta uma parte do desenho em cada jogada. Essa parte deve ser vizinha à que o adversário acabou de pintar, mas deve ser pintada com outra cor, diferente de todas as cores dos espaços vizinhos.
- O jogo prossegue até que um dos jogadores não possa mais continuar a pintar os espaços vizinhos com uma cor diferente.

Nesse caso, ele coloca a letra inicial do seu nome em um dos espaços que não conseguiu pintar e escolhe um outro espaço vizinho a qualquer outro já pintado, para reiniciar o jogo.

Veja o exemplo.

Dênis perdeu 1 ponto no jogo, pois não conseguiu pintar nenhuma casa vizinha à que o colega acabou de pintar (casa 1). Ele escreveu a inicial do seu nome nessa casa (2) e vai escolher para pintar alguma casa vizinha às outras já pintadas (casa 3 ou 4).

- Vence aquele que, quando o desenho estiver totalmente preenchido, tiver menos espaços marcados com sua inicial.

Seguem duas figuras para você jogar com um colega. Você também pode criar seus próprios desenhos para jogar com um colega.

Figura 1

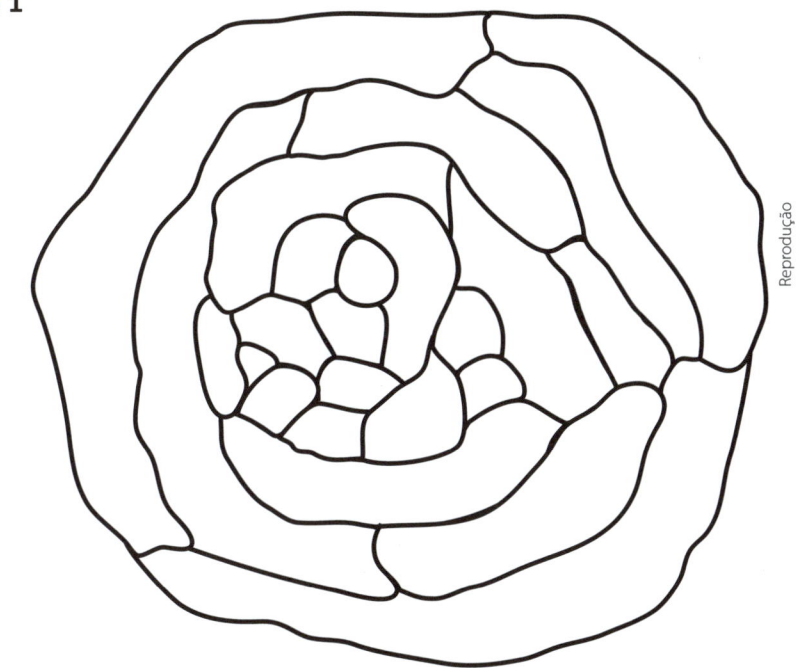

Figura 2

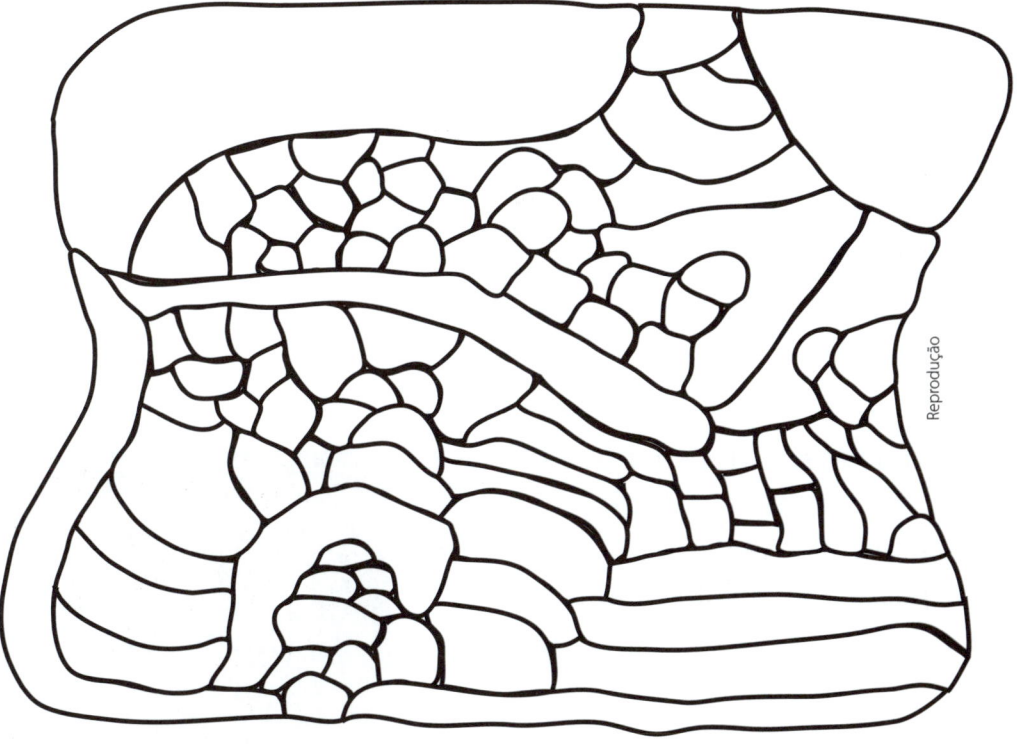

Rede de Ideias

1. Observe os ponteiros dos relógios e escreva que horas seriam se fosse antes do meio-dia ou depois do meio-dia.

Veja um exemplo:

Relógio	Horas
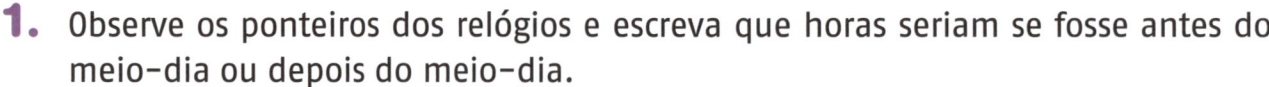	0h15min ou 12h15min

a)

c)

e)

b)

d)

f)

2. Um vagão de metrô transportava 40 passageiros. Na primeira estação desceram 5 passageiros; na segunda, 3; e, na terceira, 2 passageiros. Com quantos passageiros o vagão de metrô seguiu viagem?

3. Nesta unidade você trabalhou com várias situações envolvendo o nosso sistema monetário. Veja esta situação, resolva-a e discuta com os colegas e o professor.

Um forno de micro-ondas pode ser comprado à vista por R$ 299,00, em 4 parcelas de R$ 74,75 ou em 9 parcelas de R$ 40,66. Na sua opinião:

a) Qual é a forma mais vantajosa de comprá-lo? Por quê?

_____

_____

b) Qual é a diferença de preço obtida nos pagamentos em 4 e em 9 parcelas?

_____

_____

4. Compare estes sólidos geométricos dois a dois. Complete a tabela com as semelhanças e diferenças entre cada par de figuras.

	Semelhanças	Diferenças
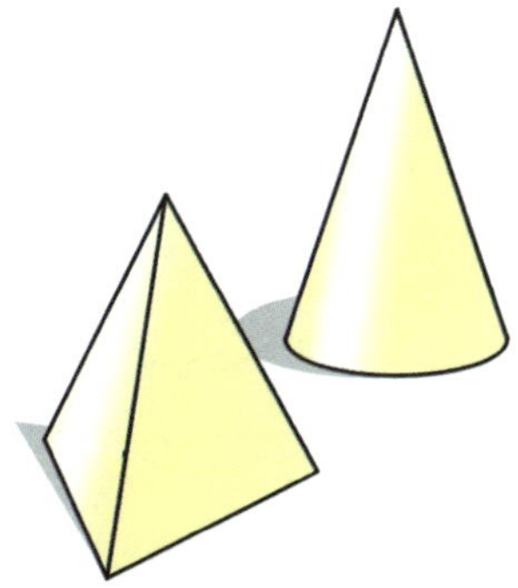		

Convivência

Consumindo com cuidado

Diariamente tomamos conhecimento de situações bastante preocupantes, causadas pelos materiais que são jogados em lugares inadequados.

Leia quanto tempo alguns tipos de materiais podem demorar para se decompor:

Folha de papel (na terra)	3 meses
Chiclete (na terra)	5 anos
Lata de aço	10 anos
Madeira	6 meses
Garrafa plástica (na terra)	mais de 100 anos
Vidro	4 000 anos

Ilustrações: Jesus Dias

Transforme em dias o tempo que alguns desses materiais levam para se decompor (considere o mês com 30 dias e o ano com 365 dias). Complete a tabela.

Material	Tempo que leva para se decompor	Tempo em dias
Folha de papel		
Chiclete		
Garrafa plástica		

 Converse com os colegas e o professor sobre o que pode ser feito com esses materiais para que sejam reaproveitados.

Avalie esta atitude!

Você reparou quantos dias uma garrafa plástica demora para se decompor?

Responda a estas questões.

a) Você concorda com a fala da menina? _____
b) O que aconteceria se todas as pessoas pensassem e agissem dessa forma?

_____
_____

- Converse com os colegas e o professor sobre essas questões.

Como posso colaborar?

 Junte-se aos colegas e preparem alguns cartazes ou panfletos para serem distribuídos pela escola. Escrevam informações importantes sobre como utilizar melhor os materiais e o que fazer com os objetos que não se quer mais.

cento e vinte e um 121

UNIDADE 5

Simetria

Conheça os os monumentos mais bonitos do mundo.

Cristo Redentor, Brasil.

Petronas Twin Towers, Malásia.

Arco do Triunfo, França.

Pirâmides, Egito.

Taj Mahal, Índia.

IMAGEM E CONTEXTO

1. Observe os monumentos retratados nessas páginas. Você já foi a algum deles ou já viu essas imagens em algum lugar? Converse com os colegas e o professor.

2. Estime a altura da estátua do Cristo Redentor. Para fazer a estimativa, observe o tamanho da mureta. Depois, compare sua estimativa com a altura real da estátua.

   Estimativa: **Medida real:**

3. Observe as imagens do Arco do Triunfo e do Taj Mahal e tente imaginar que você traçou uma linha reta vertical exatamente no meio de cada figura, como se a estivesse partindo na metade. O que você observa se comparar as duas metades?

Simetria

1. Estas bandeiras têm um ou mais eixos de **simetria**. Você sabe o que quer dizer simetria? Converse com os colegas e escreva as conclusões a que chegaram. Se desejar, utilize o dicionário.

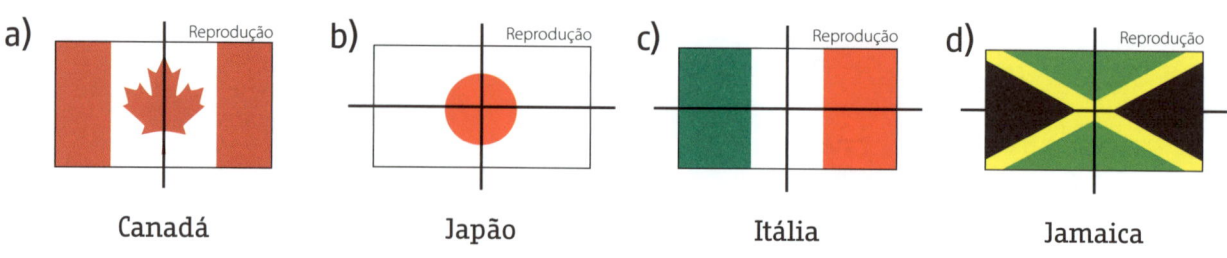

a) Canadá b) Japão c) Itália d) Jamaica

_____

_____

_____

2. Observe estas bandeiras e responda.

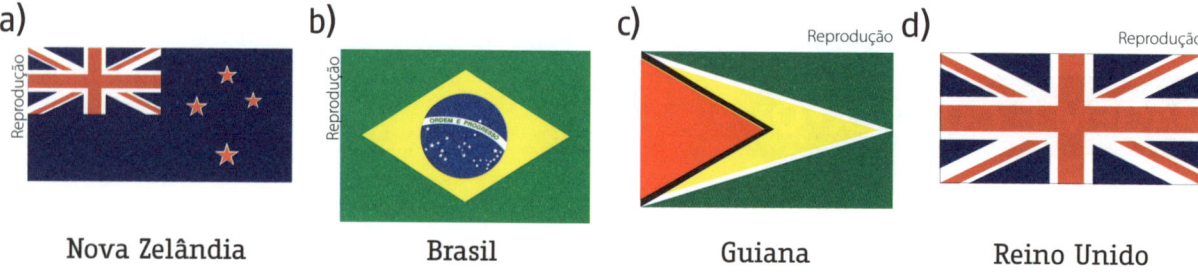

a) Nova Zelândia b) Brasil c) Guiana d) Reino Unido

a) Quais das bandeiras não apresentam simetria?

_____

b) Quais apresentam simetria?

_____

A LINHA QUE CORTA AO MEIO AS FIGURAS QUE TÊM SIMETRIA É CHAMADA **EIXO DE SIMETRIA**.

124 cento e vinte e quatro

MUITAS FIGURAS GEOMÉTRICAS PLANAS TÊM EIXO DE SIMETRIA. ESSE EIXO DIVIDE A FIGURA EM DUAS PARTES. AO DOBRARMOS A FIGURA, UMA PARTE FICA SOBREPOSTA À OUTRA.

3. Observe as figuras geométricas nestas malhas. Trace os eixos de simetria dessas figuras e anote quantos eixos você encontrou em cada uma delas.

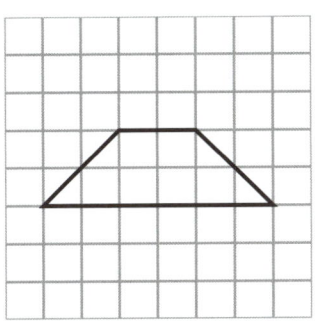

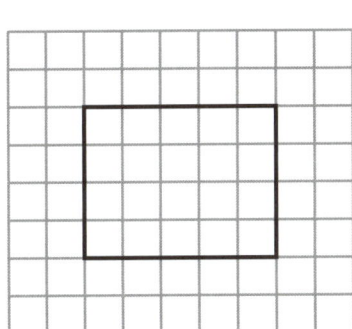

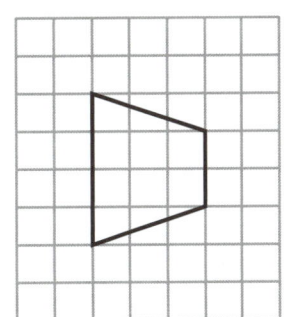

4. Desenhe uma figura simétrica em cada eixo de simetria, de modo que o eixo corte a figura bem ao meio.

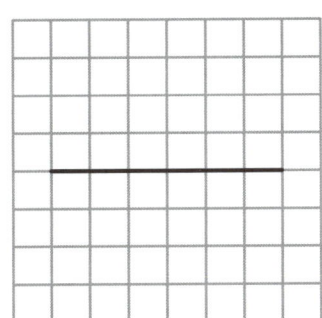

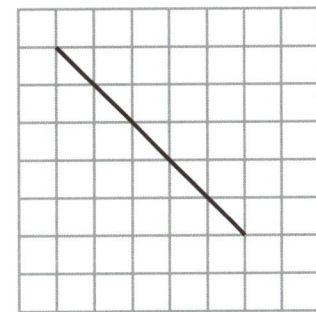

cento e vinte e cinco **125**

Dobradura simétrica

1. Vamos aprender como construir uma borboleta: pegue uma folha colorida, recorte um quadrado de 16 centímetros de lado e mãos à obra!

Instruções:

1. Pegue a folha no ponto indicado por **A** e una esse canto com o indicado pela letra **B**. Dobre a folha ao meio.

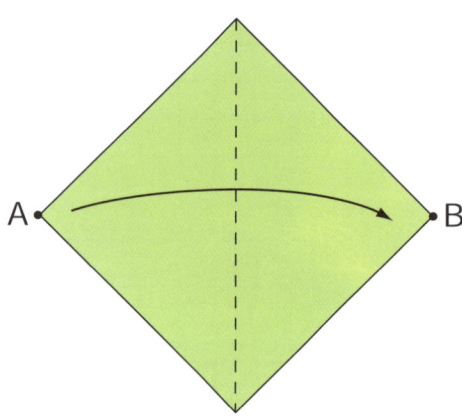

2. Observe a figura abaixo. Coloque a sua dobradura na mesma posição do triângulo mostrado. Pegue a folha no ponto indicado por **C** e leve até o ponto indicado por **D**. Dobre a folha.

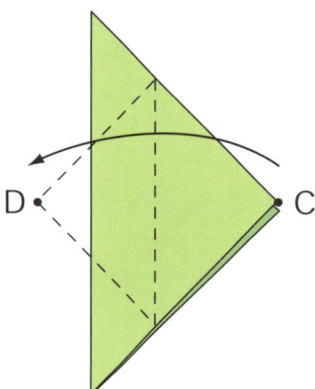

3. Faça uma dobra ao meio, unindo a parte indicada pela letra **E** ao ponto indicado por **F**. Veja a figura abaixo.

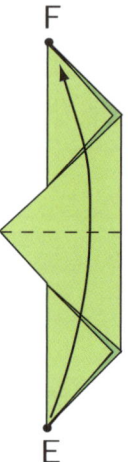

4. Abra as asas da borboleta. Faça uma nova dobra, como a mostrada na figura, em cada uma das asas.

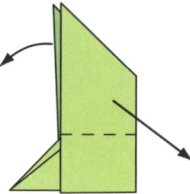

5. Pronto! Agora você já pode se divertir com a borboleta que construiu.

126 cento e vinte e seis

Observe algumas outras dobraduras simétricas que você pode fazer para se divertir. Veja se algum dos colegas sabe fazê-las ou peça orientações para o professor.

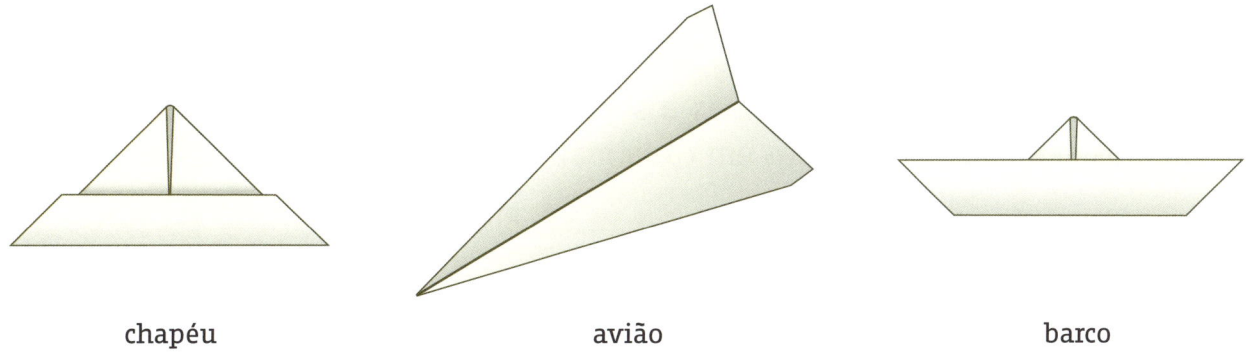

chapéu   avião   barco

2. Responda a estas perguntas.

a) O primeiro passo que você deu para construir a borboleta foi unir os dois cantos opostos da folha, dobrando-a ao meio. O vinco formado nessa dobra determina um eixo de simetria. Esse é o único eixo de simetria da folha em forma de quadrado?

___

b) Se você respondeu **não** para o item anterior, qual(is) o(s) outro(s) eixo(s) de simetria? Como você faria para determiná-lo(s)? Desenhe.

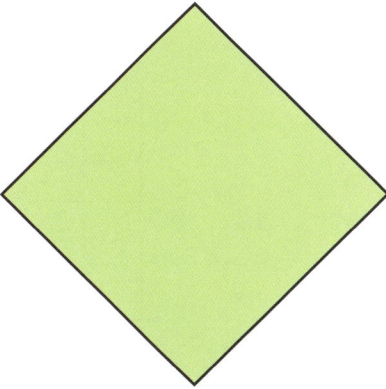

c) E no caso da folha dobrada em forma de triângulo, existiria uma ou mais maneiras de dobrá-la novamente para se determinar o eixo de simetria? Se sim, explique como você faria para obter esse eixo.

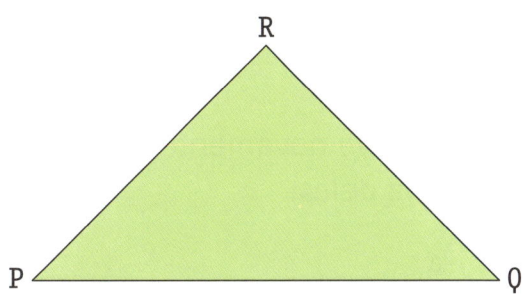

___

___

Desenhos em malhas

1. Reproduza este robô nas malhas a seguir, utilizando a mesma quantidade de figuras geométricas pintadas em cada malha.

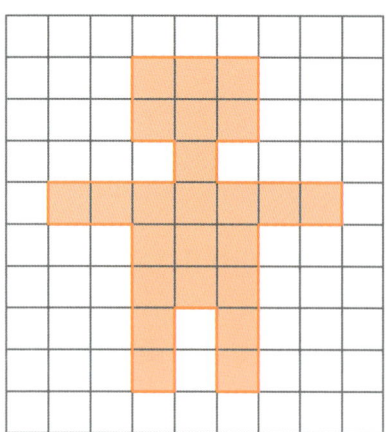

A Malha retangular na vertical

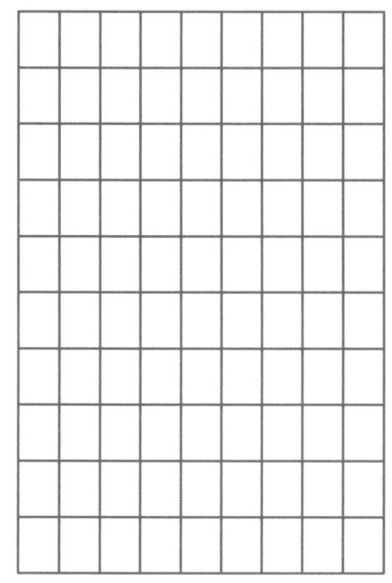

B Malha de losangos

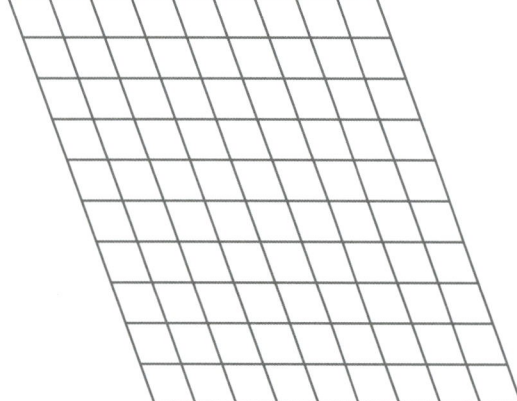

C Malha retangular na horizontal

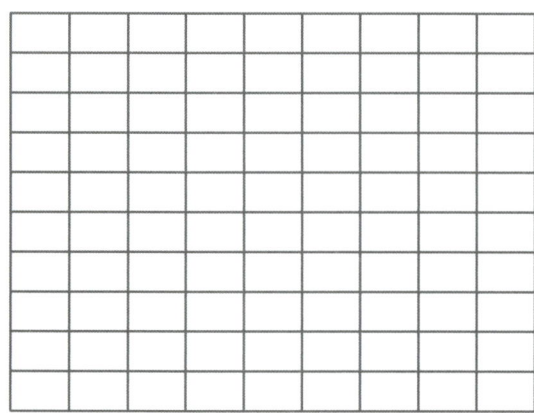

2. Observe novamente as malhas e explique o que aconteceu com o robô em cada uma delas.

A _____

B _____

C _____

3. Observe este cachorro que também foi desenhado em diferentes malhas, como o robô da atividade 1. Identifique o tipo de malha usada para representar o cachorro em cada caso.

a)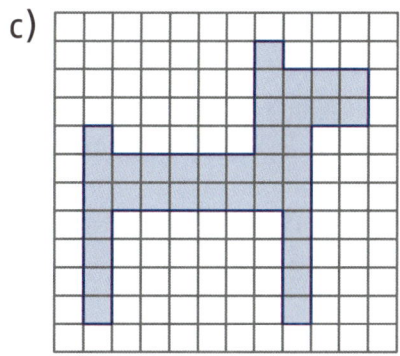

c)

b)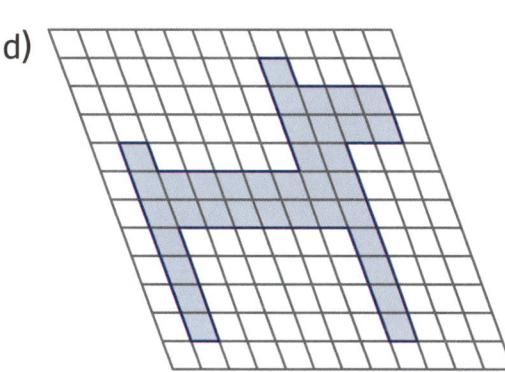

d)

_____   _____

4. Observe as malhas quadriculada e triangular.

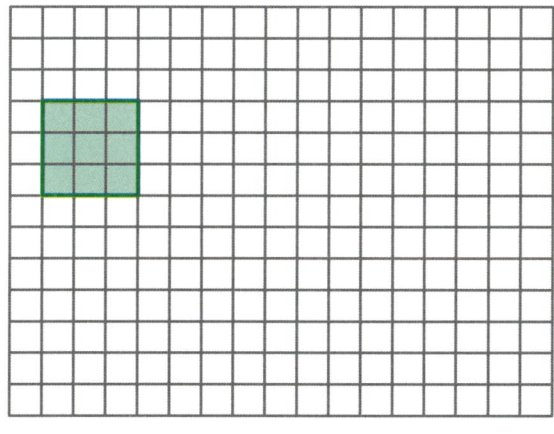 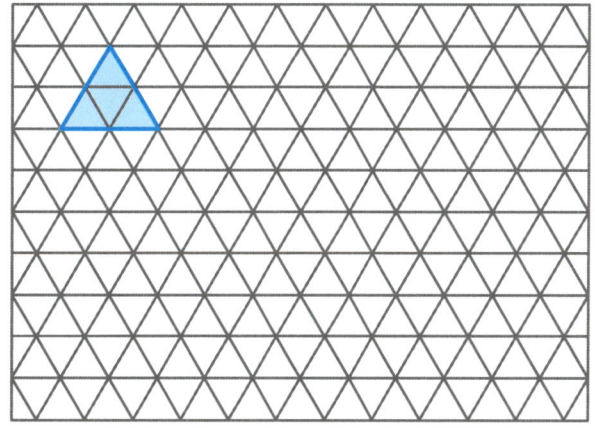

- Quais polígonos podemos desenhar, em cada uma das malhas, de modo que seus lados coincidam com as linhas das malhas? Veja um exemplo, desenhe os polígonos nas malhas e converse com os colegas e o professor.

cento e vinte e nove **129**

Os polígonos na arte

> As figuras planas fechadas, formadas apenas por segmentos de reta que não se cruzam, são chamadas **polígonos**. Os polígonos podem ter 3, 4, 5, 6 ou muito mais lados!

1. Procure identificar neste quadro de Tarsila do Amaral, famosa pintora brasileira, algumas figuras geométricas planas.

Tarsila do Amaral nasceu em 1º de setembro de 1886 na cidade de Capivari, interior do estado de São Paulo.

Tarsila começou seus estudos em São Paulo e completou-os em Barcelona, na Espanha, onde pintou seu primeiro quadro aos 16 anos.

Durante toda a vida, Tarsila foi autora de muitas obras de arte. Viveu alguns momentos na Europa e outros no Brasil, onde faleceu em 17 de janeiro de 1973.

A gare, Tarsila do Amaral, óleo sobre tela, 84,5 cm x 65 cm, 1925.

a) Quais polígonos você identificou no quadro de Tarsila do Amaral? Escreva os nomes desses polígonos.

_____

_____

b) Faça, em uma folha à parte, um desenho usando polígonos. Você e os colegas podem expor seus trabalhos no mural da sala.

2. Qual o número mínimo de lados que um polígono pode ter? E o número máximo?

Você já sabe que polígono é uma figura plana, cujo contorno é fechado e os lados são formados por segmentos de reta que não se cruzam. Veja alguns polígonos:

   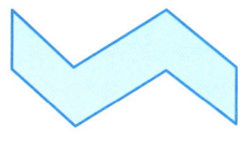

3. Utilize esta malha pontilhada para desenhar os seguintes polígonos:

triângulo	quadrilátero	pentágono
(3 lados)	(4 lados)	(5 lados)

 • Você acha que o uso de malhas ou outra combinação de traçados auxilia um desenhista? Por quê? Converse com os colegas e o professor sobre isso.

4. Utilize esta malha pontilhada para construir vários quadriláteros, traçando apenas segmentos na horizontal e na vertical.

Utilize os pontos da malha como vértices dos polígonos.

• Considere a distância entre 2 pontos na horizontal ou na vertical, que sejam vizinhos, como a unidade de comprimento. Qual é o perímetro dos quadriláteros? Anote ao lado das figuras.

Tabuadas

1. Converse com os colegas e o professor sobre o que você conhece a respeito das tabuadas.

2. Faça a lição completando estas tabuadas com os números que faltam.

Lição: Completar as tabuadas do 6, 7, 8 e 9.

Tabuada do 6	Tabuada do 7	Tabuada do 8	Tabuada do 9
0 x 6 = 0	0 x 7 = ___	0 x 8 = 0	0 x 9 = ___
1 x 6 = ___	1 x 7 = 7	1 x 8 = ___	1 x 9 = 9
2 x 6 = ___	2 x 7 = ___	2 x 8 = 16	2 x 9 = ___
3 x 6 = ___	3 x 7 = ___	3 x 8 = ___	3 x 9 = ___
4 x 6 = 24	4 x 7 = 28	4 x 8 = ___	4 x 9 = 36
5 x 6 = ___	5 x 7 = ___	5 x 8 = ___	5 x 9 = ___
6 x 6 = ___	6 x 7 = ___	6 x 8 = 48	6 x 9 = ___
7 x 6 = ___	7 x 7 = 49	7 x 8 = ___	7 x 9 = ___
8 x 6 = 48	8 x 7 = ___	8 x 8 = ___	8 x 9 = 72
9 x 6 = ___	9 x 7 = 63	9 x 8 = 72	9 x 9 = ___
10 x 6 = 60	10 x 7 = ___	10 x 8 = ___	10 x 9 = 90

- Você conhece outra forma de esquematizar tabuadas? Converse com os colegas e o professor.

3. Complete a tabela, multiplicando os números das colunas pelos números das linhas. Escreva os resultados nos quadrinhos em que as linhas e as colunas se encontram.

Coluna ↓

Linha →

X	0	1	2	3	4	5	6	7	8	9	10
0											
1											
2											
3											
4											
5											
6											
7											
8											
9											
10											

PARABÉNS!
VOCÊ ACABOU DE COMPLETAR TODAS AS TABUADAS DO 0 AO 10! AGORA É PRECISO ESTUDÁ-LAS E ATÉ MEMORIZAR SEUS RESULTADOS, POIS ELAS AJUDAM MUITO NAS OPERAÇÕES DE DIVISÃO E MULTIPLICAÇÃO.

4. Observe atentamente cada linha e cada coluna da tabela. Depois, reúna-se com dois colegas e conversem sobre outras regularidades que vocês observaram na tabela das tabuadas.

cento e trinta e três

Multiplicando

1. Faça estes cálculos mentalmente e anote o resultado obtido em cada item. Observe que o resultado de cada operação passa a fazer parte da operação seguinte.

a) 100 x 5 = _____

b) Multiplique o resultado que você obteve por 3. _____

c) Subtraia 400 do resultado obtido em **b**. _____

d) Multiplique o resultado da operação **c** por 2. _____

e) Subtraia 700 do resultado da operação **d**. _____

f) Multiplique o resultado da operação **e** por 4. _____

g) Desse resultado subtraia 2 000. _____

h) Multiplique o resultado da operação **g** por 5. _____

i) Subtraia 15 000 do resultado de **h**. _____

j) Multiplique o resultado de **i** por 2. _____

> Você conseguiu chegar ao resultado 10 000? Se não conseguiu, confira os cálculos e corrija o que você errou!

2. Leia o que Toninho e João estão dizendo.

TONINHO: SABIA QUE OS RESULTADOS DA TABUADA DO 2 CHAMAM-SE MÚLTIPLOS DE 2, OS DO 3 CHAMAM-SE MÚLTIPLOS DE 3, E ASSIM POR DIANTE?

JOÃO: LEGAL! QUER DIZER QUE O ZERO É MÚLTIPLO DE TODOS OS NÚMEROS?

• Você concorda com o que João disse? Converse com os colegas e o professor sobre isso.

3. Em cada um destes quadros os números pintados representam os múltiplos de um número. Descubra de qual número são esses múltiplos e anote.

a)
0	1	2	3	4
5	6	7	8	9
10	11	12	13	14
15	16	17	18	19
20	21	22	23	24
25	26	27	28	29

_____

b)
0	1	2	3	4
5	6	7	8	9
10	11	12	13	14
15	16	17	18	19
20	21	22	23	24
25	26	27	28	29
30	31	32	33	34
35	36	37	38	39

_____

d)
0	1	2	3	4
5	6	7	8	9
10	11	12	13	14
15	16	17	18	19
20	21	22	23	24
25	26	27	28	29
30	31	32	33	34
35	36	37	38	39
40	41	42	43	44
45	46	47	48	49

_____

e)
0	1	2	3	4
5	6	7	8	9
10	11	12	13	14
15	16	17	18	19

_____

c)
0	1	2	3	4	5	6	7	8	9	10	11	12	13	14
15	16	17	18	19	20	21	22	23	24	25	26	27	28	29
30	31	32	33	34	35	36	37	38	39	40	41	42	43	44
45	46	47	48	49	50	51	52	53	54	55	56	57	58	59

_____

VOCÊ JÁ OUVIU FALAR EM MÚLTIPLO COMUM?

JÁ. É QUANDO UM NÚMERO APARECE NA TABUADA DE DOIS OU MAIS NÚMEROS.

Ari Nicolosi

Desafio com operações

1. Resolva estas operações e marque com um X cada resultado na malha pontilhada. Depois, una os X na sequência crescente e encontre a figura de um animal.

a) 47 x 2 = _____

b) 37 x 2 = _____

c) 14 x 4 = _____

d) 6 x 6 = _____

e) 5 x 5 = _____

f) 3 x 2 = _____

g) 13 x 2 = _____

h) 9 x 3 = _____

i) 7 x 1 = _____

j) 7 x 4 = _____

k) 37 x 1 = _____

l) 19 x 2 = _____

m) 29 x 2 = _____

n) 19 x 3 = _____

o) 67 x 1 = _____

p) 13 x 6 = _____

q) 7 x 11 = _____

r) 29 x 3 = _____

s) 14 x 7 = _____

t) 47 x 2 = _____

2. Tente resolver por meio do cálculo mental estas operações e escreva os resultados.

a) 85 – 34 = _____

b) 2 x 7 = _____

c) 34 ÷ 2 = _____

d) 14 x 2 = _____

e) 3 x 6 = _____

f) 122 – 103 = _____

g) 133 – 94 = _____

h) 15 x 4 = _____

i) 116 ÷ 2 = _____

j) 14 x 7 = _____

k) 130 – 34 = _____

l) 100 – 24 = _____

m) 5 x 15 = _____

n) 350 – 255 = _____

o) 103 – 10 = _____

p) 106 ÷ 2 = _____

q) 3 x 17 = _____

5 – 4 = 1
80 – 30 = 50
Então: 85 – 34 = 51

- Agora que você já resolveu as contas, marque os resultados com um X na malha pontilhada, ligue os pontos e descubra uma figura.

```
 1   2   3   4   5   6   7   8   9  10
11  12  13  14  15  16  17  18  19  20
21  22  23  24  25  26  27  28  29  30
31  32  33  34  35  36  37  38  39  40
41  42  43  44  45  46  47  48  49  50
51  52  53  54  55  56  57  58  59  60
61  62  63  64  65  66  67  68  69  70
71  72  73  74  75  76  77  78  79  80
81  82  83  84  85  86  87  88  89  90
91  92  93  94  95  96  97  98  99 100
```

cento e trinta e sete

Diferentes jeitos de resolver divisões

1. Veja como algumas crianças resolveram este problema.

Comprei um caderno de 75 folhas para dividir igualmente entre 3 matérias. Quantas folhas ficarão disponíveis para cada matéria?

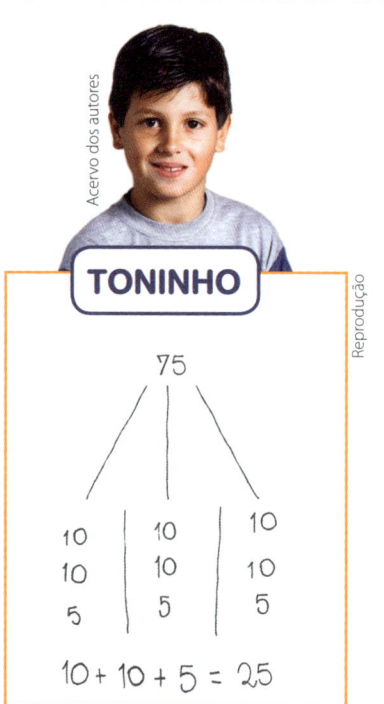

TONINHO

BIA

VERINHA

Resposta: 25 folhas para cada matéria.

• O que eles fizeram para resolver o problema? Tente explicar como cada um pensou.

TONINHO _____
_____

BIA _____
_____

VERINHA _____
_____

2. Agora veja este outro problema, converse sobre as resoluções com os colegas e o professor e descreva como cada um pensou.

Luís deve arrumar 48 livros em caixas com 12 livros cada uma. De quantas caixas vai precisar?

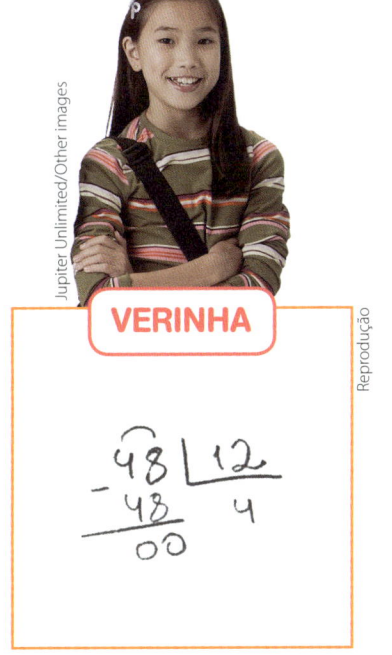

Resposta: Ele precisará de 4 caixas.

TONINHO _____

BIA _____

VERINHA _____

- Toninho, Bia e Verinha utilizaram o mesmo procedimento para resolver os dois problemas?

_____

cento e trinta e nove **139**

Resolvendo problemas

1. Resolva os problemas a seguir de um dos jeitos analisados nas atividades das páginas anteriores ou de um outro jeito que você conheça.

a) 180 alunos de uma escola vão ao zoológico, divididos igualmente em 10 peruas escolares. Quantos alunos vão em cada perua?

Resposta: _____

b) Uma escola tem 300 alunos distribuídos em classes de 20 alunos cada uma. Quantas classes há na escola?

Resposta: _____

c) Tenho 120 selos para organizar em 5 páginas do meu álbum. Quantos selos devo colocar em cada página para que todas as páginas fiquem com a mesma quantidade de selos?

Resposta: _____

2.  Toninho, Bia e Verinha também resolveram o problema **b** da atividade 1. Leia como cada um justificou o seu modo de resolver o problema e veja se você fez do jeito que eles pensaram. Se fez de um outro jeito, explique aos colegas como foi.

TONINHO: Eu fui subtraindo grupos de 20 alunos, até não sobrar nenhum. Então, eu contei quantas classes consegui formar com os 300 alunos.

VERINHA: Eu fiz uma divisão, para ver quantas classes de 20 daria para formar com 300 alunos.

BIA: Eu fiz uma estimativa do resultado pensando em quantos grupos de 20 daria para formar com 300 alunos. Depois multipliquei o número estimado por 20 e subtraí do total de alunos. Do que restou fui subtraindo 20 até obter zero. No fim, eu contei a quantidade de grupos de 20 que subtraí do total de alunos e somei esse resultado ao que eu tinha estimado no começo.

3. Resolva este problema.

Célia tem 10 anos. Ganhou em seu aniversário 6 bichinhos de pelúcia e ficou com 18. Quer arrumar os bichinhos de pelúcia em 6 prateleiras, distribuindo-os igualmente. Quantos bichinhos caberão em cada prateleira?

Resposta: _____

- Nesse problema há uma informação que não é necessária para a resolução. Qual é essa informação?

_____

_____

Sugestões para a resolução de problemas

1. Leia estas sugestões para facilitar a resolução de problemas e converse sobre elas com os colegas e o professor.

1. Ao ler um problema, tente imaginar a situação proposta nele e lembrar-se de outros problemas parecidos que você já tenha resolvido antes. Leia-o mais de uma vez se não entendê-lo. Se necessário, desenhe a situação para visualizar e entender o problema.

3. Grife a pergunta do problema e as informações que você necessitará para resolvê-lo. Se os números do problema forem muito grandes, tente substituí-los por números menores que 5 ou 10, para que fique mais fácil entendê-lo e encontrar uma maneira de resolvê-lo. Depois, é só utilizar essa maneira que você imaginou para números menores, e resolver o problema com os dados originais.

2. Faça sempre uma estimativa do resultado do problema, pensando na ordem de grandeza do número que será obtido como resultado. Isso facilita na hora de analisar se sua resposta ao problema é ou não adequada. Se a estimativa e o resultado do cálculo feito forem muito diferentes, reveja ambos para ver o que aconteceu.

4. Realize, também, as operações inversas ou a prova real dos cálculos, para não errar o problema por distração. E lembre-se de registrar os cálculos feitos e a resposta de forma clara e completa.

2. Bia inventou dois problemas para Toninho resolver usando as sugestões da página 142. Observe.

a) Na mercearia de seu Tiago chegaram 20 quilogramas de queijo e 16 bandejas de ovos. Sabendo-se que em cada bandeja há 30 ovos, quantos ovos chegaram na mercearia?

Estimativa: 450 ovos

```
   ¹16              Prova real:  ⁴8̶0̶ |30
  × 30                          −30  |16
  ────                          ────
    00                           180
 + 48                          − 180
  ────                          ────
   480                           000
```

Resposta: Chegaram 480 ovos.

b) Esses ovos deverão ser organizados em caixas nas quais cabem apenas 1 dúzia em cada uma.

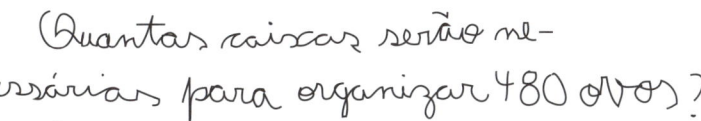

Quantas caixas serão necessárias para organizar 480 ovos?

Estimativa: 40 caixas

```
  ⁴8̶0̶|12       Prova real:   12
 − 48 |40                    ×40
 ────                        ────
  000                          00
                           + 48
                            ────
                             480
```

Resposta: Serão necessárias 40 caixas.

- Converse com os colegas e o professor para analisar o funcionamento da prova real em problemas que envolvam a multiplicação e a divisão.

Gente que faz!

Desafio dos Números

Material necessário
- 4 dados
- cartões com os números de 1 a 24 da ficha 6 do material complementar.

Número de jogadores
- de 2 a 4 jogadores

Objetivo
- Utilizando os números dos 4 dados, encontrar o maior número de operações que resultem no número sorteado no cartão.

Modo de jogar
- Embaralhar os cartões e colocá-los num monte com as faces escritas viradas para baixo.
- Um jogador retira um cartão e depois lança os dados.
- Todos devem tentar descobrir as operações a serem feitas com os números que aparecerem nos 4 dados e que tenham como resultado o número do cartão.
- Se o jogador que retirou o cartão conseguir fazer uma combinação de operações com os dados, explica a sua solução para o grupo. Se todos estiverem de acordo com a solução, o jogador ganha 10 pontos. Caso contrário, não ganha e nem perde. Um outro jogador poderá, também, apresentar uma solução que, se for aprovada pelo grupo, lhe dará 5 pontos.
- A cada jogada, escolhe-se outro jogador para retirar um novo cartão e as mesmas regras devem ser seguidas por todos.
- Vence aquele jogador que tiver o maior número de pontos ao final de algumas rodadas.

1. Veja as faces dos dados e os cartões sorteados por Verinha, João e Toninho, no jogo **Desafio dos Números**. Tente encontrar combinações de operações para atingir os números sorteados.

Veja o exemplo da jogada de Bia.

Operações

1 + 1 = 2   3 − 1 = 2
3 − 2 = 1   2 − 1 = 1
1 × 5 = 5   1 × 5 = 5
   ou   ou
[3 − (1+1)] × 5 = 5   (3 − 1 − 1) × 5 = 5

Rede de Ideias

1. Continue estas sequências de múltiplos, escrevendo mais 5 números em cada uma.

   a) **Múltiplos de 3:** 0, 3, 6, _____, _____, _____, _____, _____.

   b) **Múltiplos de 5:** 0, 5, 10, _____, _____, _____, _____, _____.

   c) **Múltiplos de 7:** 0, 7, 14, _____, _____, _____, _____, _____.

   d) **Múltiplos de 10:** 0, 10, 20, _____, _____, _____, _____, _____.

2. Você já deve ter observado que alguns números são múltiplos de dois ou mais números.

   - Vamos tentar encontrar múltiplos comuns? Procure dois ou mais números que apareçam nos resultados das tabuadas destes números. Veja o exemplo.

   > O número 6 é múltiplo de 1, porque todos os números são múltiplos de 1, mas também é múltiplo de 2 e de 3, além de ser múltiplo dele mesmo. Ou seja, o 6 é um número que aparece nos resultados das tabuadas do 1, do 2, do 3 e do 6. Assim, o 6 é um múltiplo comum desses números.

   a) Múltiplos comuns de 2 e 3. _____

   b) Múltiplos comuns de 2 e 6. _____

   c) Múltiplos comuns de 3 e 5. _____

   d) Múltiplos comuns de 3 e 9. _____

3. Qual o único número que é múltiplo de todos os números? _____

   - Por que isso acontece? Converse com os colegas e o professor.

4. Converse com os colegas e o professor e descubram pistas para memorizar mais rapidamente os múltiplos de um número. Em seguida, juntem-se em grupos e escrevam essas pistas em cartazes para expor no mural da sala.

5. Este desenho foi pintado com 6 cores diferentes. Em cada cor, há múltiplos de um mesmo número. Observe os números que estão marcados em cada cor e descubra de que número eles são múltiplos. Veja o exemplo.

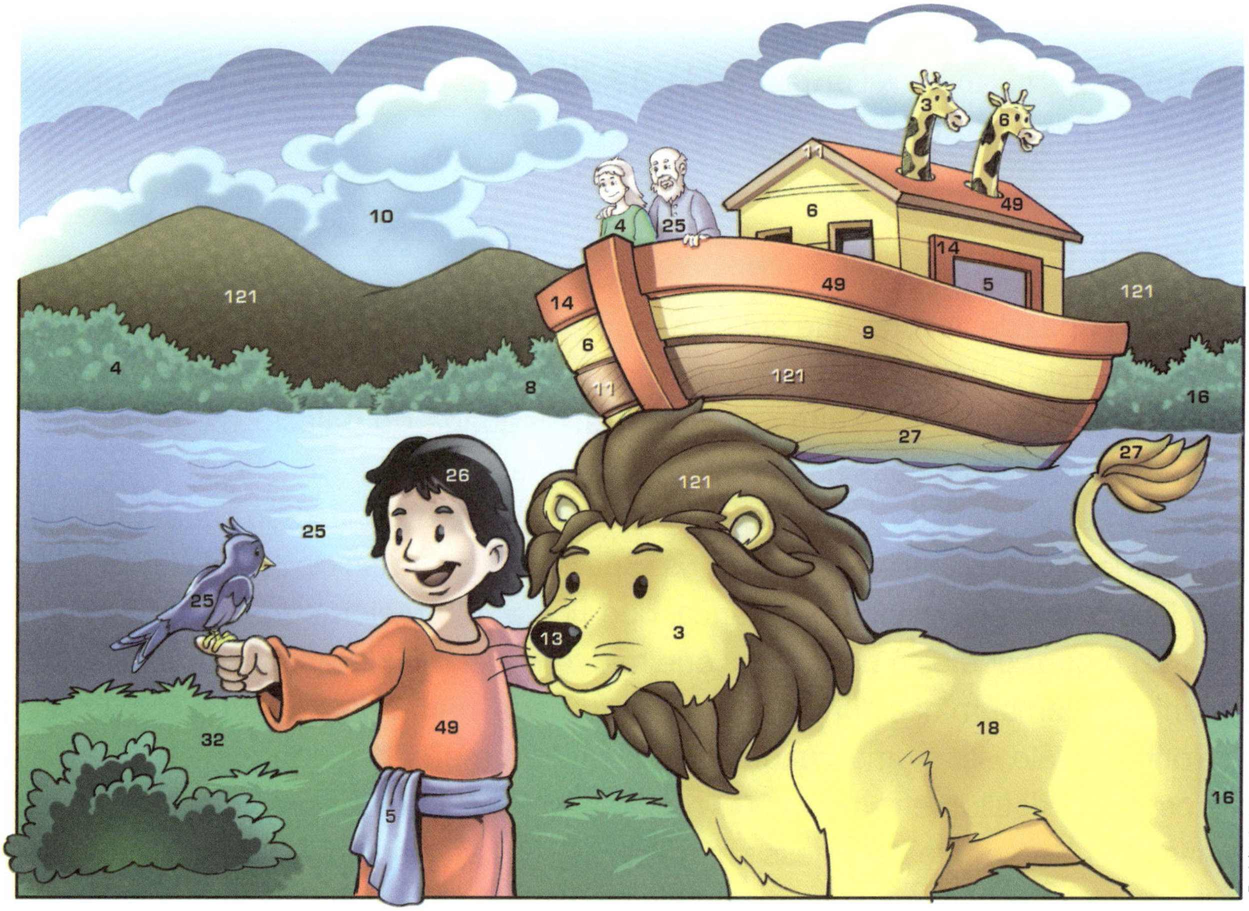

Preto: múltiplos de 13 (13 e 26)

Verde: _____

Azul: _____

Amarelo: _____

Vermelho: _____

Marrom: _____

Há crianças que trabalham

Leia este texto que conta a vida de algumas crianças que precisam trabalhar para sobreviver.

Os sapateiros

Sou capaz de apostar que até este momento a única história, ou pelo menos a história mais famosa de sapatos que você já tinha ouvido era a da Cinderela, não era? Aquela que perdeu um sapatinho na escadaria do palácio e depois ficou sendo procurada pelos criados do príncipe apaixonado...

Pois bem. A partir de agora você vai conhecer outras histórias. São outras crianças borralheiras, [...] que ajudam a fazer os sapatinhos de muitas cinderelas-princesas.

Elas moram na cidade de Franca, que fica a 400 quilômetros de São Paulo. Já sei o que você está pensando: que não tem ideia da distância que isso representa. Eu também não tinha e, a bem da verdade, nem sei se agora tenho. O seu Nonô me falou que uma quadra, um quarteirão mede mais ou menos 100 metros. Se um quilômetro são 1000 metros, 400 quilômetros são 400 mil metros, não são? Se a gente dividir esse número por 100, vai dar 4 mil, não vai? Isso quer dizer, então, que Franca fica a 4 mil quadras de São Paulo.

Bem, na cidade de Franca há muitas fábricas de sapatos, mas muitas mesmo. [...]

Como o dia estava chuvoso – cinza-escuro, a dona Ondina mandou Eliseana, sua filha de 11 anos, acender um lampião e algumas velas, pois eles ainda não recebem luz elétrica e não podem trabalhar direito no escuro, claro... [...]

Dona Ondina e Eliseana chegam a costurar à mão de 40 a 50 pares de sapatos por semana, imagine! E para ganhar sabe quanto? R$ 12,50, quando conseguem entregar 50. Agora é só fazer a continha de dividir pra saber quanto elas recebem a cada par.

Jô Azevedo, Iolanda Huzak e Cristina Porto. *Serafina e a criança que trabalha*. São Paulo: Editora Ática, 1998. p. 31-33.

Pensando sobre o assunto

Converse com os colegas e o professor sobre o texto e responda às questões.

a) Você trabalha ou conhece crianças que trabalham?

_____

 b) As crianças do texto precisam trabalhar para ajudar os pais. O que você pensa a respeito? Dê sua opinião.

No final do texto há um problema para ser resolvido: quanto dona Ondina e Eliseana ganham pela costura de cada par de sapatos? Com um colega tente descobrir. Façam os cálculos necessários.

Resposta: _____

O que criança faz?

Arnaldo Antunes e Paulo Tatit, dois compositores brasileiros, escreveram uma música sobre crianças. O refrão da música diz:

> "Criança não trabalha
> Criança dá trabalho
> Criança não trabalha"

 O que você acha disso? Converse com os colegas e o professor.

cento e quarenta e nove **149**

UNIDADE 6

Frações

Fernando de Queirós Scherer, nadador.

Daiane Garcia dos Santos, ginasta.

Aurélio Miguel, judoca brasileiro.

Gustavo Kuerten, tenista.

Lars Schimidt Grael e Robert Scheidt, velejadores.

Janeth dos Santos Arcain, jogadora de basquete.

IMAGEM E CONTEXTO

1. Observe as fotografias de algumas modalidades esportivas. Cite situações esportivas em que a Matemática é indispensável para determinar os vencedores das provas.

2. Em 1910, o recorde mundial de salto em altura era de 1,96 metro. Atualmente esse recorde é de 2,45 metros. De quanto é a diferença entre essas medidas? Por que você acha que isso aconteceu?

3. O peso usado pelos atletas na competição de arremesso de peso tem cerca de 7 kg de massa. De acordo com os atletas, num final de treino esse peso parece ter sua massa triplicada. Na sua opinião, por que isso ocorre? O atleta tem a sensação de que o peso tem quantos quilogramas?

Conhecendo as frações

1. Você já ouviu falar de **fração**?

- Você sabe o que é e como representamos as frações? Converse com os colegas e o professor a respeito do que vocês sabem sobre **fração** e escreva o que você descobriu.

_____

_____

_____

2. Procure em um dicionário a definição de fração e veja se é parecida com o que você escreveu.

3. Organizados em grupos, peguem cinco folhas de papel de mesmo tamanho. Dividam uma das folhas em 2 partes iguais, outra em 4 partes iguais, outra em 8 partes iguais, outra em 16 partes iguais e, a última, mantenham inteira. Coloquem um exemplo de cada parte das folhas de papel em um mural.

- Observe o mural e discuta com seu grupo de que forma vocês poderiam representar com números cada uma das partes em que as folhas foram divididas, considerando que a folha inteira é a **unidade**, ou seja, equivale a **1 inteiro**.

4. Estas são algumas ilustrações de formas parecidas às que você e seus colegas devem ter encontrado após dividir as folhas. Represente com números cada uma das partes obtidas na divisão de cada folha. Veja o exemplo.

Folha inteira:

Representação numérica correspondente às partes de cada folha:

1 inteiro

Divisão em 2 partes iguais

Divisão em 4 partes iguais

_____

Divisão em 8 partes iguais

Divisão em 16 partes iguais

_____

5. Agora, observando o mural e as representações numéricas, escreva todas as descobertas feitas por você e os colegas.

_____

_____

_____

cento e cinquenta e três **153**

Cálculo e representação de números em forma de frações

Resolva estas situações. Aplique o que você descobriu sobre divisões e frações.

1. Manuel tem três filhos. Ele comprou seis barras de chocolate para dividir igualmente entre os filhos. Quanto cada um recebeu? Represente a resolução dessa divisão com números e com desenhos.

Resposta: _____

2. Manuel acabou comprando mais uma barra de chocolate. De que forma seus três filhos poderiam dividir essa barra em partes iguais? Faça a representação numérica das partes.

Resposta: _____

3. Os três filhos de Manuel também tomaram meia lata de suco cada um. Quantas latas de suco eles tomaram?

Resposta: _____

4. Luísa tem 3 barras de massinha para dividir igualmente entre seus 4 filhos. Como ela poderá fazer essa divisão? Quanto cada um receberá? Desenhe e represente com números.

Resposta: _____

5. Veja como estas crianças resolveram o problema 4.

TONINHO

Resposta:
Cada um vai receber a metade de uma barra e, também, mais uma das 4 partes em que uma massinha foi dividida.

JOÃO

Resposta:
Cada um receberá 3 partes das 4 em que cada barra foi dividida, ou três quartos de uma barra.

BIA

Resposta:
Cada um receberá 3 pedaços. Cada pedaço é uma das 4 partes em que uma barra de massinha foi dividida.

 • Converse com os colegas e o professor sobre estas questões.

a) Qual das crianças acertou o problema?
b) Qual jeito você achou mais fácil de entender? Por quê?
c) Qual jeito você achou mais difícil de entender? Por quê?

Explorando as frações

1.  Você conhece a turma do Sítio do Picapau Amarelo criada por Monteiro Lobato? Converse com os colegas e o professor e veja quem conhece os personagens e lembra de seus nomes. Em seguida, leia este trecho de um dos livros de Monteiro Lobato, *Aritmética da Emília*.

Aritmética da Emília – as frações

Dona Benta, levantando-se para atender alguém que vinha procurá-la. [...]
– Que é que quer rapaz? [...]
– É que eu vim trazer para mecê um presente que o coronel mandou. [...] São duas melancias. [...]
– Traga-as aqui! – disse Dona Benta, mas Narizinho e Pedrinho já haviam corrido na frente e vinham voltando com duas melancias.
– Faca, tia Nastácia! – gritou Emília. – Faca bem amolada e uma bandeja, depressa! [...]
– Quer que parta, Sinhá? – perguntou.
Dona Benta respondeu que sim, e com muita habilidade a negra picou a melancia em doze fatias. [...]
– Ótimo! [...] Esta melancia veio mesmo a propósito para ilustrar o que ia dizer. Ela era um **inteiro**. Tia Nastácia picou-a em pedaços, ou **frações**. [...]
– Se pedaço de melancia é fração, vivam as frações! – gritou Pedrinho.
– Pois fique sabendo que é! – disse o Visconde. – Uma melancia inteira é uma **unidade**. Um pedaço de melancia é uma fração dessa **unidade**. Se a unidade ou a melancia for partida em dois pedaços [iguais], esses dois pedaços formam duas frações – **dois meios**.

Monteiro Lobato. *Aritmética da Emília*. São Paulo: Brasiliense, 1973. p. 91-92.

Vamos entender melhor o que o Visconde explicou? Para facilitar, utilizaremos um retângulo no lugar da melancia. Observe:

• A melancia inteira (ou a **unidade**) e a melancia repartida ao meio.

1 inteiro

metade	metade

- A melancia repartida pela tia Nastácia (dividida em 12 partes iguais).

2. A conversa não parou por aí, e o Visconde continuou explicando.

– Se for partida em três pedaços [iguais], cada pedaço é uma fração igual a **um terço**. Se for partida em quatro pedaços [iguais], cada pedaço é uma fração igual a **um quarto**. Se for partida em cinco pedaços [iguais], cada pedaço é uma fração igual a **um quinto**. Se for partida em seis pedaços [iguais], cada pedaço é **um sexto**. Se for partida em sete pedaços [iguais], cada pedaço é **um sétimo**. Se for partida em oito pedaços [iguais], cada pedaço é  **um oitavo**. Se for partida em nove pedaços [iguais], cada pedaço é **um nono**. Se for partida em dez pedaços [iguais], cada pedaço é **um décimo**.

Monteiro Lobato. *Aritmética da Emília*. São Paulo: Brasiliense, 1973. p. 92.

Agora, vamos ver como se representa numericamente a parte colorida de cada figura com relação ao seu todo:

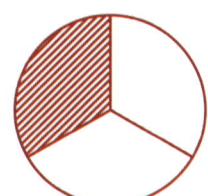 $\frac{1}{3}$ (um terço)   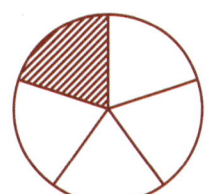 $\frac{1}{5}$ (um quinto)

- Observe estas figuras e escreva o que cada uma das partes coloridas dos retângulos representa. Use números.

a) um quarto do inteiro

 _____

c) um quinto do inteiro

 _____

b) um oitavo do inteiro

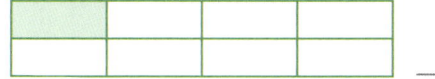 _____

d) um décimo do inteiro

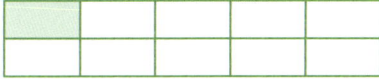 _____

Representando frações

1. A conversa sobre as frações continuou. Leia mais este trecho do livro.

Aritmética da Emília – as frações

– E se for partida em doze pedaços [iguais], como esta? – perguntou Pedrinho.

– Nesse caso, cada pedaço é um doze avos da melancia inteira. Um doze avos escreve-se assim: $\frac{1}{12}$. Todas as frações escrevem-se assim, um número em cima e um número embaixo, separados por um tracinho horizontal ou oblíquo. Com o tracinho oblíquo essa fração se escreveria assim: 1/12.

Até 10 não se usa a palavra **avos**. Depois de 10, sim, só se usa o tal avos; $\frac{1}{11}$ lê-se um onze avos; $\frac{1}{38}$ lê-se um trinta e oito avos; e assim por diante. [...]

Os meninos estavam ouvindo e comendo, de modo que com a boca cheia de avos de melancia deixavam que o Visconde falasse, sem interrompê-lo com perguntas. E o Visconde ia falando.

Monteiro Lobato. *Aritmética da Emília*. São Paulo: Brasiliense, 1973. p. 92.

Vamos ver o que significa cada número que compõe a fração? Continue a leitura.

– O número de cima chama-se **numerador** e o número de baixo chama-se **denominador**. Nestas frações: $\frac{2}{3}$, $\frac{4}{7}$, $\frac{8}{37}$, quais são os numeradores e quais são os denominadores?

Ninguém respondeu.

Monteiro Lobato. *Aritmética da Emília*. São Paulo: Brasiliense, 1973. p. 92.

2. Como ninguém respondeu à pergunta do Visconde, responda o que você acha.

$\frac{2}{3}$ _____ $\frac{4}{7}$ _____ $\frac{8}{37}$ _____

3. Agora, observe estas frações que representam a parte colorida de cada figura. Reúna-se com alguns colegas e conversem sobre o que indicam o numerador e o denominador nas frações. Anote.

numerador → $\frac{1}{3}$
denominador →

$\frac{2}{5}$ ← numerador
← denominador

_____
_____
_____
_____

4. Escreva uma ou mais perguntas que você gostaria de fazer ao Visconde sobre frações e troque com um colega para ver se ele pode ajudá-lo a encontrar as respostas. Você também pode conversar com seu professor sobre as perguntas que escrever.

_____
_____
_____

5. A partir dos desenhos dados, escreva a fração para representar a parte colorida de cada um.

a)    b) 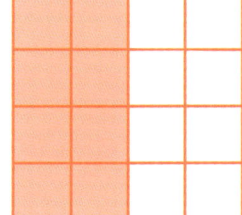   c)

_____   _____   _____

Medindo massas

Toneladas, quilogramas, gramas e miligramas são algumas das unidades de medidas de **massa** que usamos no dia-a-dia.

1. Qual é a sua massa? Anote.

_____

Você sabia?

Antigamente, quando não existiam balanças digitais ou de ponteiros, as pessoas utilizavam uma balança com dois pratos e pesos de metal, para comparar suas massas com a do objeto que queriam pesar.

Num dos pratos colocavam o objeto e, no outro, os pesos, até que os pratos se equilibrassem perfeitamente, como numa gangorra.

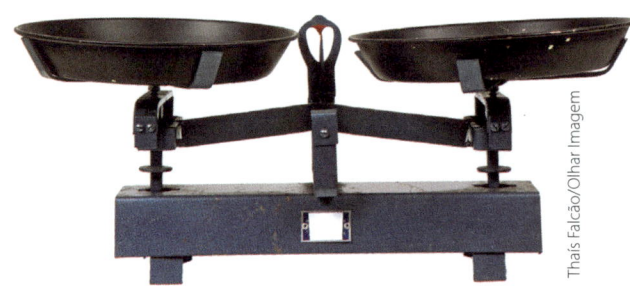

2. Converse com os colegas e liste objetos que você utiliza no seu dia-a-dia e que podem ter suas massas medidas. Pode ser um saco de arroz, sal, a mochila usada para ir à escola, entre outros. Anotem tudo o que conseguirem lembrar.

_____

_____

_____

3. Converse com os colegas e o professor sobre como se faz para medir massa em uma balança de pratos. Depois, registre os pesos correspondentes a cada produto. Você vai usar estes pesos, em qualquer quantidade:

5 kg   1 kg   500 g   100 g   10 g   5 g   1 g

a) 1,5 kg ou 1 kg 500 g de batata _____

b) 2,7 kg ou 2 kg 700 g de cebola _____

c) 0,125 kg ou 125 g de queijo fatiado _____

d) 0,5 kg ou 500 g de carne moída _____

DEPOIS DAS BALANÇAS DE PRATO SURGIRAM AS BALANÇAS DE PONTEIRO. O MODELO AO LADO É O DE UMA BALANÇA DE PONTEIRO SUSPENSA.

Se o ponteiro está no 1, por exemplo, representa 1 kg ou 1 000 g. No intervalo entre o número 0 e o número 1 existem 10 graduações que correspondem a 0,1 kg, 0,2 kg, 0,3 kg (ou 100 g, 200 g, 300 g) e assim por diante.

cento e sessenta e um **161**

Problemas com medida de massa

1. A balança da farmácia quebrou: ela marca metade do que as pessoas pesam. Observe o quanto pesou cada uma das pessoas, calcule a massa real delas e complete a tabela.

Pessoas	Massa que aparece no visor da balança	Massa real
Leo	42,5 kg	
Rita	24 kg	
Sérgio	53,5 kg	
Marcos	17 kg	
Rui	48 kg	
Taís	7,5 kg	
Débora	35 kg	
Laura	26,5 kg	

2. Imagine que essas oito pessoas que foram à farmácia estão na fila do elevador de um prédio. Observe a placa que indica a lotação máxima desse elevador, faça os cálculos necessários em uma folha à parte e responda.

Adriana M. Nery de Souza

Lotação máxima permitida: 420 kg ou 6 pessoas

a) Quanto pesam todas as pessoas da fila juntas? _____

b) Todos podem subir juntos? Por quê?

_____

c) Se 10 pessoas que pesam aproximadamente 70 kg estão aguardando o elevador, qual o número mínimo de viagens que o elevador deverá fazer para atender a essas 10 pessoas?

_____

3. Observe o limite que as caixas suportam e escreva o total de pacotes que podem ser guardados em cada uma.

a) Quantos pacotes de 1 kg? _____

b) Quantos pacotes de 2 kg? _____

c) Quantos pacotes de 5 kg? _____

d) Quantos pacotes de 200 g? _____

e) Quantos pacotes de 250 g? _____

f) Quantos pacotes de 500 kg? _____

4. Observe a massa e o preço de cada produto. Qual é o mais econômico comprar em cada caso e por quê?

cento e sessenta e três **163**

Quanto tempo?

1. Leia este texto e calcule o que se pede, utilizando os relógios como apoio.

> Na segunda-feira, Fernando acordou às 7 h 30 min. Saiu para ir ao dentista às 8 h 15 min e voltou às 9 h 45 min. Almoçou às 12 h 30 min e foi caminhando até a escola, chegando às 12 h 50 min. Saiu da escola às 17 h 30 min e voltou caminhando para casa, chegando às 17 h 50 min. Acabou de jantar às 19 h 45 min e foi dormir às 22 h.

a) Quanto tempo Fernando demorou para ir ao dentista e voltar?

Resposta: _____

b) Quanto tempo Fernando fica na escola?

Resposta: _____

c) Quanto tempo, depois de jantar, Fernando esperou para ir dormir?

Resposta: _____

d) Quantas horas Fernando ficou acordado na segunda-feira?

Resposta: _____

2. Observe o tempo que cada veículo gastou para ir de um bairro a outro de uma grande cidade brasileira, no final da tarde de uma sexta-feira. Transforme em minutos cada tempo gasto.

a)
ônibus
2 horas

c)
motocicleta
$\frac{1}{4}$ de hora

b)
carro
$\frac{1}{2}$ hora

d)
bicicleta
$\frac{1}{3}$ de hora

3. Responda.

a) Quantas horas, minutos e segundos há em 1 dia?

b) Que horas são quando falamos **meio-dia**?

c) E **meia-noite**?

4. Observe esta sequência de registros de um cronômetro em funcionamento.

| 00 min 58 s | 00 min 59 s | 01 min 00 s | 01 min 01 s | 01 min 02 s |

- Converse com os colegas e o professor sobre por que o cronômetro marca 01 min 00 s, um segundo após marcar 00 min 59 s.

Gráficos, textos e tabelas

1. Observe estes gráficos. O primeiro é um **cartograma**, muito utilizado em geografia, e o segundo é um **pictograma**. Escreva um comentário sobre as informações apresentadas em cada gráfico.

a)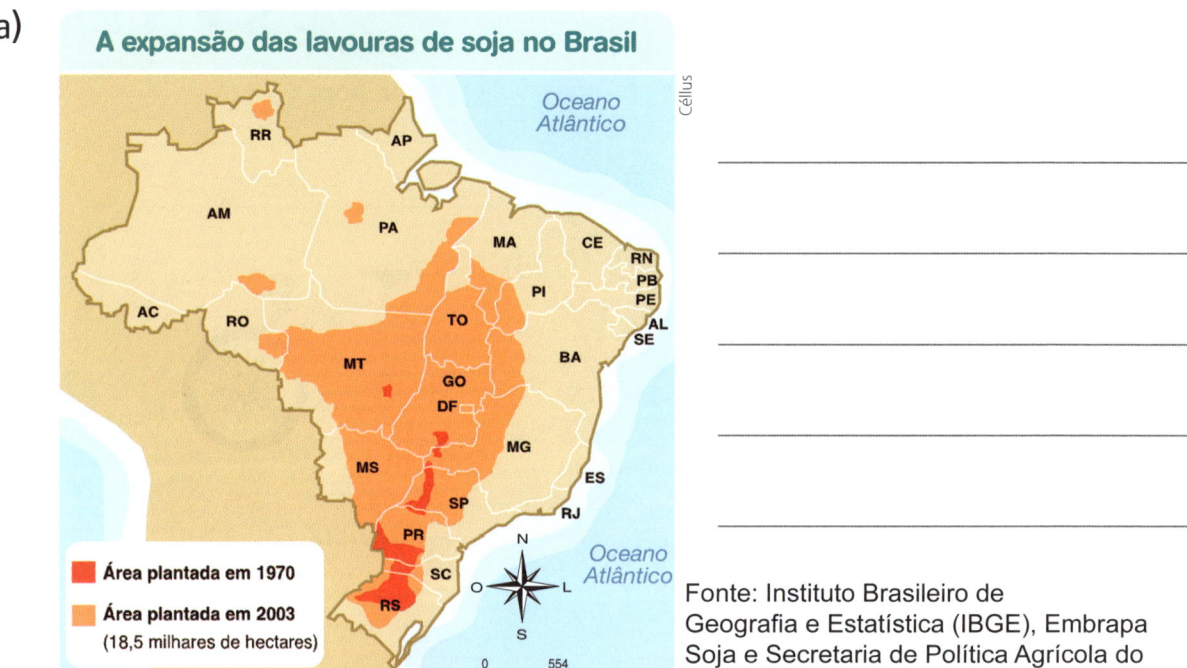

Fonte: Instituto Brasileiro de Geografia e Estatística (IBGE), Embrapa Soja e Secretaria de Política Agrícola do Ministério da Agricultura, 2003.

b)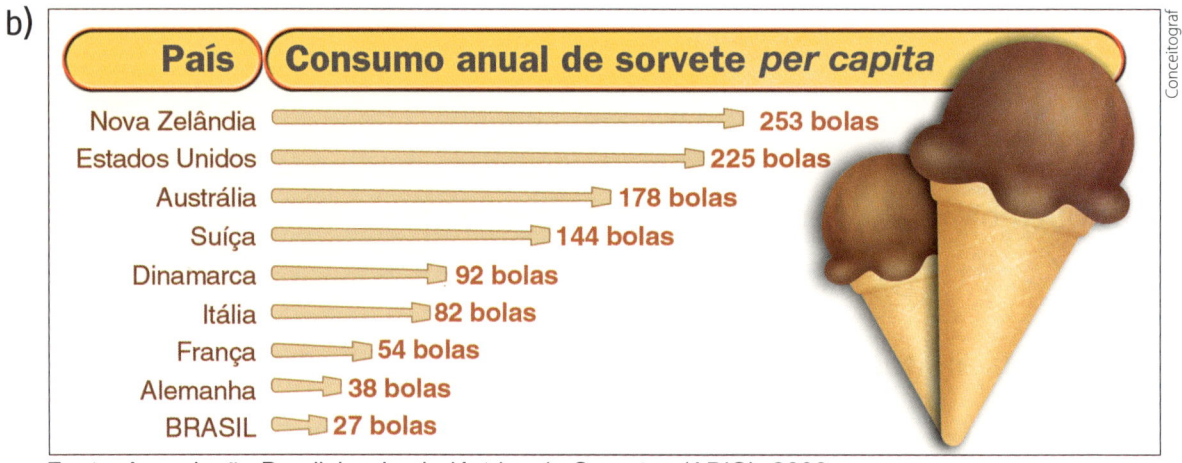

Fonte: Associação Brasileira das Indústrias de Sorvetes (ABIS), 2008.

2. Construa gráficos a partir dos dados fornecidos abaixo.

a)

Quanto custa o quilômetro rodado* de táxi em algumas capitais (em reais)

São Paulo	1,80
Brasília	1,40
Porto Alegre	1,29
Recife	1,00
Rio de Janeiro	0,87

*Em bandeira 1.
Otávio Canecchio. Campeões no preço. Revista *Veja SP*, São Paulo, n. 39, p. 30. 1 out. 2003.

b)

Celulares para cada grupo de 100 pessoas em algumas capitais

Distrito Federal	Rio Grande do Sul	Rio de Janeiro	Mato Grosso do Sul	Santa Catarina	São Paulo
111	59	57	56	48	46

Fonte: Agência Nacional de Telecomunicações (Anatel), 2005.

cento e sessenta e sete **167**

Medidas de comprimento

1. Observe estas informações e responda às perguntas.

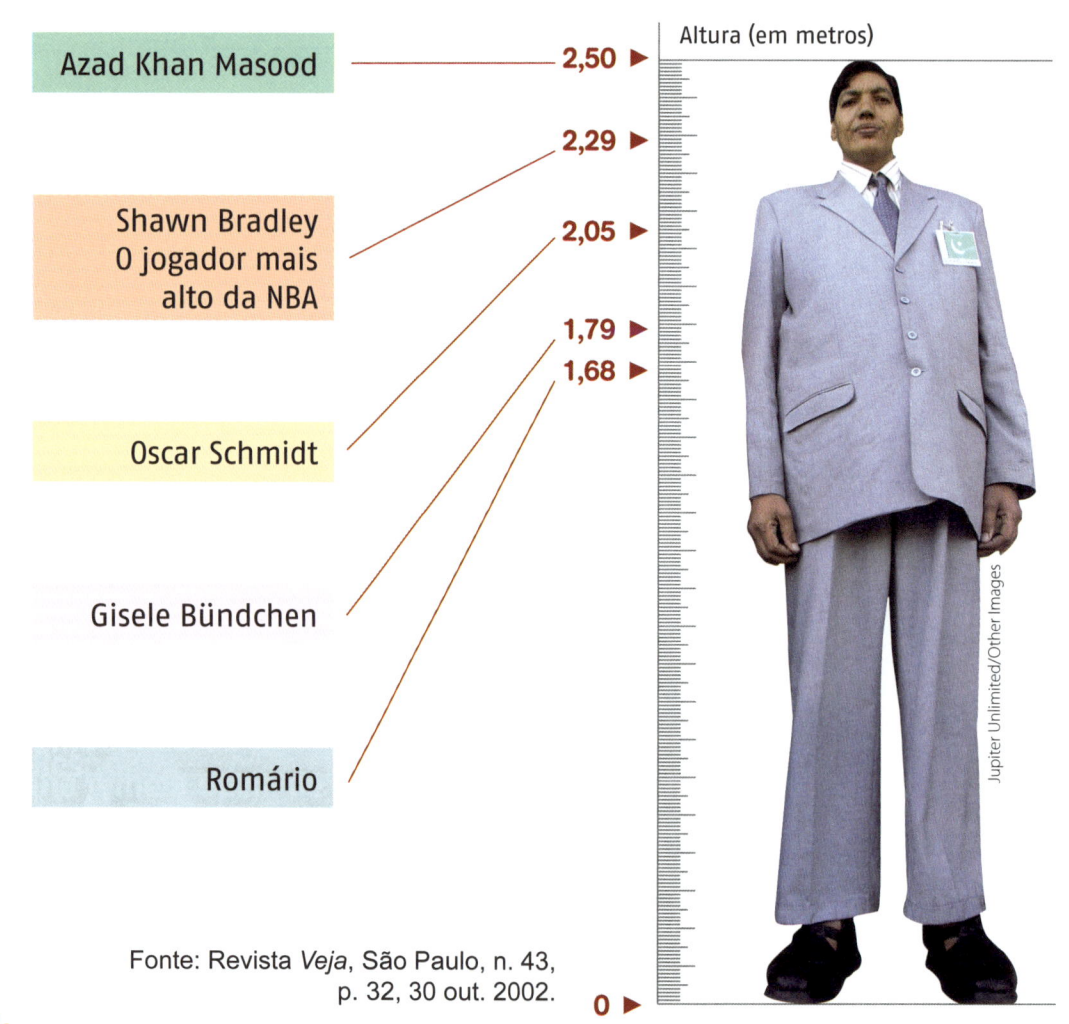

Você sabia?

O paquistanês Azad Khan Masood era considerado o homem mais alto do mundo em 2002. Masood tem 2,50 metros de altura. Compare a altura dele com a de outros famosos.

- Azad Khan Masood — 2,50
- 2,29
- Shawn Bradley — O jogador mais alto da NBA — 2,05
- 1,79
- 1,68
- Oscar Schmidt
- Gisele Bündchen
- Romário

Altura (em metros)

Fonte: Revista *Veja*, São Paulo, n. 43, p. 32, 30 out. 2002.

a) A altura de quantas pessoas está sendo comparada? _____

b) Quem é a pessoa mais alta? _____

c) E quem é a pessoa mais baixa? _____

2.  Leia este texto sobre a triatleta brasileira Fernanda Keller e circule todas as informações que envolvem números ou medidas que você encontrar. Em seguida, converse com os colegas e o professor sobre o significado dessas informações, comparando-as com aspectos do seu cotidiano.

Mulher de ferro

Pelo sexto ano seguido, a triatleta Fernanda Keller, de 39 anos, subiu ao pódio da prova esportiva mais desgastante do planeta, o *Ironman* do Havaí. Fernanda chegou em quinto lugar entre as quarenta maiores triatletas do mundo. [...]

O *Ironman*

É a maior competição esportiva do mundo. Inclui 3,8 quilômetros de natação em mar aberto, 180 quilômetros de ciclismo e 42,2 quilômetros de corrida. As provas costumam durar mais de 9 horas.

O treinamento de Fernanda para o *Ironman*

Nos três meses que antecedem a prova, Fernanda Keller faz por semana: 500 quilômetros de bicicleta, 100 quilômetros de corrida, 20 quilômetros de natação e quatro horas de musculação.

O treinamento de rotina de Fernanda

Quando não está treinando para uma grande competição, Fernanda Keller faz por semana: 350 quilômetros de bicicleta, 70 quilômetros de corrida, 10 quilômetros de natação e quatro horas de musculação.

O desgaste provocado pelo *Ironman*

Fernanda Keller perde 9 000 quilocalorias e ganha várias bolhas nos pés nas provas do *Ironman*.

Mulher de ferro. Revista *Veja*, São Paulo: n. 43, p. 33, 30 out. 2002.

3.  Em uma folha à parte, crie um problema aproveitando as informações numéricas do texto sobre Fernanda Keller e troque-o com um colega. Depois, exponham a produção no mural da classe.

Medindo distâncias

> Para fazer medições de comprimentos em metros (m), centímetros (cm) e milímetros (mm), podemos usar a régua, a fita métrica, o metro de madeira ou a trena.

1. Que unidade utilizar para medir comprimentos como, por exemplo, a distância entre Brasília e Salvador? Converse sobre isso com os colegas e o professor.

PARA MEDIR GRANDES COMPRIMENTOS, PODEMOS UTILIZAR O **QUILÔMETRO**.

O símbolo de quilômetro é **km**. Um quilômetro equivale a 1 000 m.

$$1 \text{ km} = 1\,000 \text{ m}$$

2. Observe na tabela a distância, em linha reta, entre Brasília e outras capitais brasileiras. Depois, faça os cálculos e responda às questões da página 171.

De Brasília a	Distância em km	De Brasília a	Distância em km
Porto Velho (RO)	1 902	Aracaju (SE)	1 293
Rio Branco (AC)	2 250	Salvador (BA)	1 062
Manaus (AM)	1 929	Belo Horizonte (MG)	624
Boa Vista (RR)	2 490	Vitória (ES)	948
Belém (PA)	1 585	Rio de Janeiro (RJ)	931
Macapá (AP)	1 783	São Paulo (SP)	871
São Luís (MA)	1 519	Curitiba (PR)	1 077
Teresina (PI)	1 309	Florianópolis (SC)	1 310
Fortaleza (CE)	1 684	Porto Alegre (RS)	1 614
Natal (RN)	1 775	Cuiabá (MT)	876
João Pessoa (PB)	1 717	Campo Grande (MS)	878
Recife (PE)	1 657	Goiânia (GO)	173
Maceió (AL)	1 486	Palmas (TO)	618

Fonte: IBGE. *Anuário Estatístico do Brasil: 2007*. 4 ed. Rio de Janeiro: IBGE, 2007.

Distância entre Brasília e outras capitais brasileiras

Padre Geraldo José Pauwels. *Atlas Geográfico Melhoramentos.*
São Paulo: Melhoramentos, 1999.

a) Quantos quilômetros percorreria uma pessoa que saísse de São Paulo (SP) e fosse até Belém (PA), passando por Brasília? _____

b) Qual é a capital que fica mais distante de Brasília? E a mais próxima?

_____

c) Qual a diferença, em quilômetros, das distâncias que separam Brasília dessas duas capitais (a mais distante e a mais próxima de Brasília)?

Calculando preços e parcelas

1. Observe o valor de cada mercadoria e responda.

Televisor 29 polegadas R$ 1 378,00

Aparelho de som R$ 348,00

a) Com R$ 1 500,00, é possível comprar as duas mercadorias? Por quê?

Resposta: _____

b) O dono da loja vende o aparelho de som em seis parcelas iguais de R$ 74,00. Qual será o preço total do aparelho ao final das seis parcelas? De quanto será o acréscimo em relação ao preço à vista?

Resposta: _____

c) Numa outra loja, esses mesmos aparelhos foram expostos com os preços à vista reduzidos pela metade. Quanto custa cada aparelho nessa outra loja?

Resposta: _____

2. Nesta atividade, você será o professor!

Toninho e Verinha resolveram estes problemas, mas cometeram alguns erros. Observe o que eles fizeram e, depois, escreva quem errou e por que errou.

a) Uma loja tem 13 cafeteiras para vender. O preço de cada uma é R$ 157,00. Quanto o dono da loja receberá pela venda das cafeteiras?

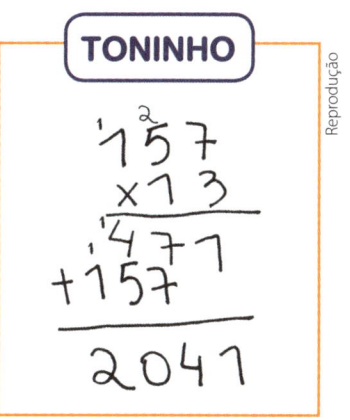
TONINHO

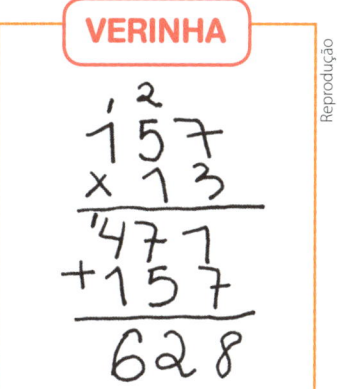
VERINHA

_____

_____

b) Um teatro tem 24 fileiras com 36 cadeiras em cada fileira. Quantas cadeiras há nesse teatro?

BIA

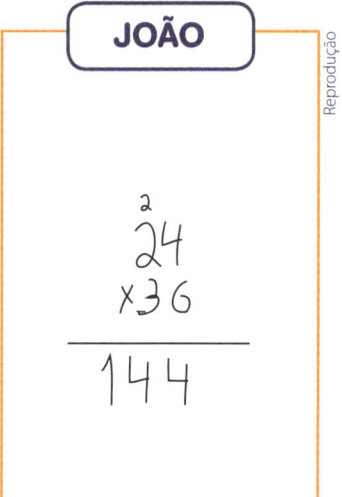
JOÃO

_____

_____

cento e setenta e três **173**

Gente que faz!

Jogo dos Vizinhos

Material necessário

- 3 dados
- 24 peças coloridas, de 4 cores diferentes, da ficha 17 do material complementar
- tabuleiro da ficha 3 do material complementar

Número de jogadores

- de 2 a 4 jogadores

Objetivo

- Ser o primeiro a colocar todas as suas fichas no tabuleiro.

Modo de jogar

- Os jogadores dividem igualmente entre si as fichas coloridas (cada um com uma cor, se possível).
- O primeiro jogador lança os três dados e tenta fazer, com os números sorteados nos dados, várias operações para chegar a um dos números do tabuleiro. Se conseguir, cobre o número com uma de suas fichas.
- Os jogadores vão lançando os três dados alternadamente e fazendo diferentes operações com seus resultados. Só podem ser cobertos os números que estiverem nos quadros vizinhos de outro que já estiver coberto com uma ficha (inclusive os "vizinhos pelo vértice").
- Quando um jogador lança os dados e não consegue chegar a um número do tabuleiro, deve passar a vez. Se outro jogador encontrar uma maneira e cobrir um número do tabuleiro, utilizando os dados jogados pelo adversário que passou a vez, pode cobri-lo com uma de suas fichas.
- O primeiro jogador a usar todas as suas fichas é o vencedor.

1	2	3	4	5	6
7	8	9	10	11	12
15	16	18	20	24	25
30	36	40	45	50	60

1. Imagine que você tenha sido o primeiro a lançar os dados no **Jogo dos Vizinhos** e tirou os pontos mostrados nos dados:

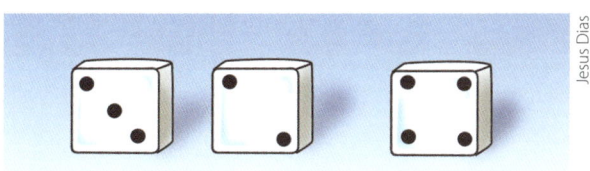

- Quais números você poderia cobrir no tabuleiro? Escreva as operações possíveis e seus resultados.

EU CONSEGUI FAZER DE 3 FORMAS.
VEJA: 2 X 3 X 4 = 24
2 + 3 + 4 = 9 E 3 X 4 − 2 = 10

BIA

2. Observe o tabuleiro da página 174. Imagine que você é o segundo a jogar e só há o número 11 coberto. Você tira os pontos mostrados nos dados:

- Quais números você poderia cobrir? Escreva as operações possíveis e seus resultados.

Rede de Ideias

1. Compare a massa e o preço de cada um dos produtos. Qual é o mais econômico comprar em cada caso? Por quê?

_____   _____

_____   _____

2. Resolva estes problemas.

a) Ângela foi a uma loja de departamentos com R$ 100,00. Comprou um perfume por R$ 25,00, um vestido por R$ 40,00 e com o restante comprou um liquidificador. Qual o preço do liquidificador?

Resposta: _____

b) Um ciclista percorreu metade de uma estrada de 700 km em uma semana (7 dias). Quanto percorreu por dia, se ele pedalou aproximadamente a mesma distância em cada dia?

Resposta: _____

3. Converse com os colegas e o professor e revejam todas as medidas padronizadas que vocês utilizam no dia-a-dia. Anote-as.

_____

_____

_____

4. Duas carretas podem carregar no máximo 2 800 kg cada uma, não importando a quantidade de caixas que levam.
- Distribua as caixas entre as duas carretas, de modo que nenhuma carregue mais que 2 800 kg. Não pode sobrar nenhuma caixa fora das carretas.
- Faça os cálculos e anote separadamente as letras e as massas das caixas que vão na primeira carreta e as letras e as massas das caixas que vão na segunda carreta.

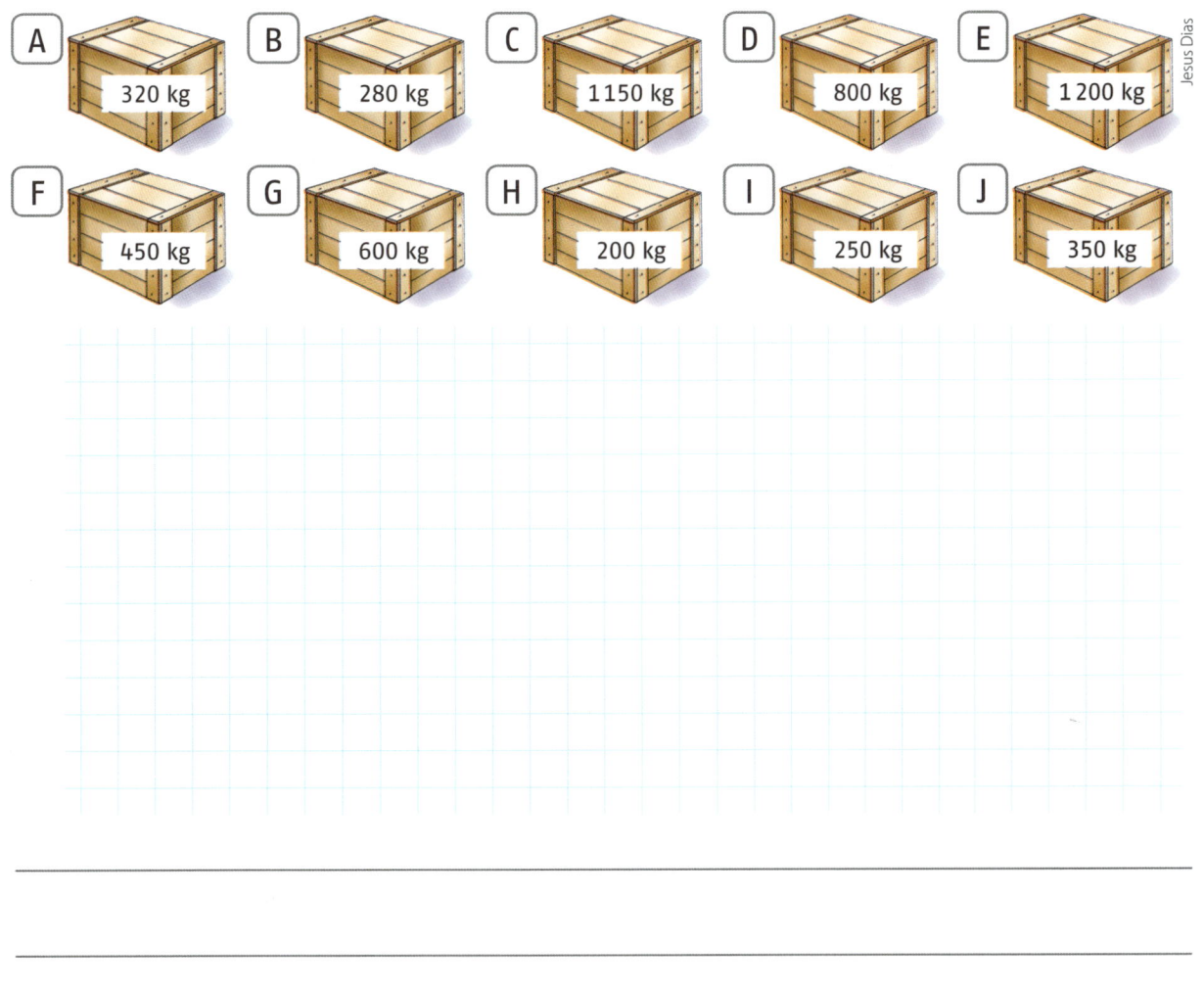

A 320 kg   B 280 kg   C 1150 kg   D 800 kg   E 1 200 kg
F 450 kg   G 600 kg   H 200 kg   I 250 kg   J 350 kg

UNIDADE 7
Medidas e operações

IMAGEM E CONTEXTO

O número de veículos produzidos e vendidos em todo o Brasil tem aumentado a cada ano. Observe a fotografia de uma avenida da cidade de São Paulo, e responda às questões.

1. Na cidade onde você mora é comum haver congestionamentos? Converse com os colegas e o professor.

2. Em fevereiro de 2008 a cidade de São Paulo atingiu a marca de 6 milhões de veículos. De acordo com o IBGE, a população nessa época era cerca de 11 milhões de pessoas. Calcule mentalmente qual era o número aproximado de pessoas por veículo nesse mês.

3. Discuta com os colegas e o professor sobre as possíveis consequências do aumento no número de veículos nas cidades e sobre atitudes para colaborar na redução dos índices de congestionamentos.

Explorando um bairro

1. Augusto mora em um bairro em que é possível fazer quase tudo a pé. Observe a planta desse bairro.

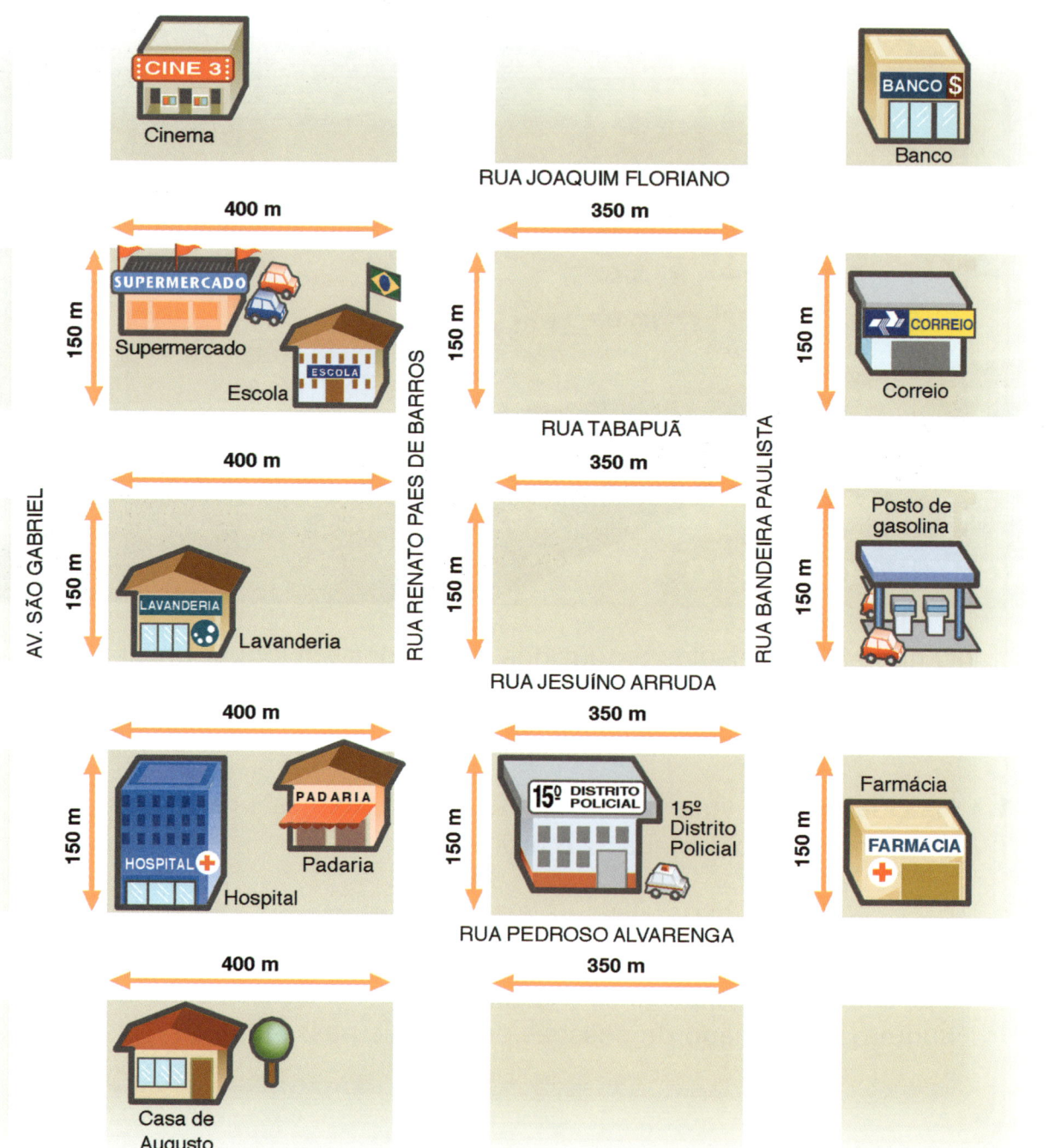

Representação para fins didáticos

- Observe atentamente a planta do bairro de Augusto. Calcule as distâncias mais curtas possíveis percorridas por ele, em metros e quilômetros.

a) Se ele sair da escola e for ao banco, quanto percorrerá?

_____

b) Se for de casa até o correio e voltar para casa, quanto percorrerá?

_____

c) Augusto vai e volta de sua casa à escola, 5 dias por semana. Quanto ele anda por dia nesse trajeto?

_____

2. Invente um problema envolvendo possíveis percursos que Augusto pode fazer em seu bairro. Depois, dê para um colega resolver.

_____

_____

Resposta: _____ Respondido por: _____

3. E você, quanto percorre para ir e voltar da escola, em metros e quilômetros? Faça estimativas e depois tente confirmá-las perguntando a um adulto. Anote na tabela.

	Em um dia	Em uma semana	Em um mês
Estimativa			
Número real			

cento e oitenta e um **181**

Problemas à vista

1. Leia e resolva estes problemas. Registre todos os cálculos que você fizer em cada problema e as respostas completas.

a) Na sala de uma escola, há 8 fileiras de 6 alunos. Quantos alunos há ao todo na sala?

Resposta: _____

b) Uma floricultura recebeu 132 rosas para vender em buquês de 6 rosas cada um. Quantos buquês foi possível fazer?

Resposta: _____

c) Márcia levou R$ 50,00 ao mercado e comprou uma dúzia de latas de milho, 4 latas de ervilha e meia dúzia de latas de leite condensado. Sabendo-se que cada lata de milho ou ervilha custa R$ 0,90 e as de leite condensado R$ 1,20 cada uma, quanto Márcia recebeu de troco?

Resposta: _____

2. Veja como algumas crianças resolveram o problema **b** da atividade 1. Leia como cada um explicou o que fez e converse com os colegas e o professor sobre os procedimentos de resolução usados por eles.

TONINHO:
PRIMEIRO, ACHEI QUANTAS FLORES HAVIA EM DOIS BUQUÊS. DESCOBRI QUE HAVIA 12. ENTÃO, EU FUI TIRANDO DE 12 EM 12, ATÉ ACABAREM TODAS AS ROSAS, E CONTEI OS BUQUÊS FORMADOS DE 2 EM 2. DESCOBRI QUE FOI POSSÍVEL FAZER 22 BUQUÊS.

BIA:
EU ARMEI UMA CONTA COLOCANDO 132 DE UM LADO E O EQUIVALENTE A UM BUQUÊ DE 6 ROSAS DO OUTRO LADO. AÍ, PENSEI EM 10 BUQUÊS, E O RESULTADO FOI 60 ROSAS, E FUI TIRANDO DE 60 EM 60, ATÉ NÃO DAR MAIS. SOBRARAM 12 FLORES, QUE FORAM UTILIZADAS PARA FORMAR MAIS 2 BUQUÊS; ENTÃO, FORAM 22 BUQUÊS.

cento e oitenta e três **183**

Outros jeitos de resolver uma divisão

1. Veja como João e Verinha resolveram o problema **b** da página 182.

> Uma floricultura recebeu 132 rosas para vender em buquês de 6 rosas cada um. Quantos buquês foi possível fazer?

EU FIZ UMA CONTA DE DIVISÃO E CALCULEI QUANTOS BUQUÊS DE 6 ROSAS DARIA PARA FAZER COM 132 ROSAS. COMECEI DAS 13 DEZENAS E VI QUE DAVA PARA FAZER 20 BUQUÊS DE 6 ROSAS, PORQUE 20 VEZES 6 DÁ 120, QUE SÃO 12 DEZENAS. ENTÃO, TIREI 12 DEZENAS DAS 13 DEZENAS E SOBROU 1 DEZENA. JUNTEI ESSA DEZENA COM AS 2 UNIDADES; E FICARAM 12 ROSAS, QUE DAVAM MAIS 2 BUQUÊS.

NO TOTAL, CALCULEI 22 BUQUÊS.

EU DIVIDI 132 POR 6 PARA VER QUANTAS VEZES O 6 CABIA NO 132. COMECEI DAS CENTENAS E NÃO DAVA PARA DIVIDIR 1 CENTENA POR 6 E OBTER ALGUMA CENTENA EM CADA UMA DESSAS 6 PARTES. ENTÃO, TRANSFORMEI A CENTENA EM 10 DEZENAS E JUNTEI COM AS OUTRAS 3 DEZENAS DO 132. O RESULTADO FOI 13 DEZENAS.

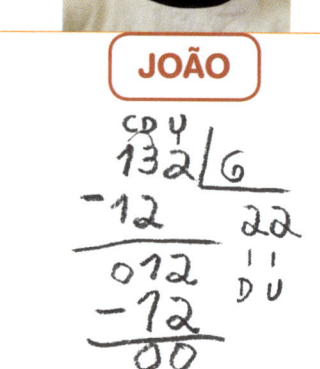

JOÃO

VERINHA

DEPOIS EU DIVIDI 13 POR 6 E VI QUE O 6 CABIA 2 VEZES NO 13 E SOBRAVA 1 DEZENA. TRANSFORMEI ESSA DEZENA EM 10 UNIDADES E JUNTEI COM AS OUTRAS 2 UNIDADES DO 132. DEU 12 UNIDADES. AÍ, DIVIDI 12 POR 6 E DEU 2 UNIDADES E NÃO SOBROU NADA. ENTÃO, FOI POSSÍVEL FAZER 22 BUQUÊS.

2. Resolva estes problemas usando um dos jeitos apresentados por João e Verinha.

a) Uma doceira embalou 248 doces em bandejas. Em cada bandeja cabem 8 doces. Quantas bandejas foram usadas?

Resposta: _____

b) Uma loja faturou R$ 219,00 ao final de um dia. Esse faturamento foi dividido igualmente entre três sócios. Quanto recebeu cada um deles?

Resposta: _____

3. Invente um problema para cada operação. Depois, troque de livro com um colega, para ele ler os seus problemas e conferir se você usou os números e operações propostos.

a) 40 ÷ 8 = 5 _____

_____

b) 25 × 3 = 75 _____

_____

c) 100 ÷ 25 = 4 _____

_____

Qual é o número?

1. Descubra que operação você pode fazer com cada número da coluna 1 para que resulte no número correspondente na coluna 2. Anote a operação que você pensar.

	Coluna 1		Coluna 2
a)	321	→	301
b)	2 567	→	2 067
c)	1 999	→	2 000
d)	1 111	→	9 999
e)	3 495	→	3 500
f)	987	→	900
g)	4 444	→	4 044
h)	7 777	→	777
i)	540	→	450
j)	250	→	1 000
k)	1 000	→	2 000
l)	2 000	→	500
m)	8 243	→	8 210
n)	309	→	280
o)	6 000	→	2 000
p)	1 399	→	216
q)	287	→	115
r)	598	→	300
s)	602	→	300

2. Complete estas operações com os números que faltam.

a)
```
   5 6 0 0
 +   □ □ 3
   5 7 0 3
```

b)
```
   4 □ 5 □
 - 1 2 1 0
   3 1 4 0
```

c)
```
    ¹3 5
  ×    □
    1 0 5
```

d)
```
   ¹8 9 5 0
 +  □ □ □
   9 2 7 6
```

e)
```
   ¹2 □ □ ¹⁰0
 -     1 0 1
   1 9 9 9
```

f)
```
    ²1 6
  ×    □
     6 4
```

g)
```
   4 0 0 9
 +   4 □ □
   4 4 1 9
```

h)
```
   ⁸9̸ ⁹1̶0̶ □ □
 -       9 0
   8 9 1 0
```

i)
```
    5 0
  ×  □
   4 5 0
```

3. Verifique se estas operações foram feitas corretamente. Se você achar erros, refaça as operações na malha abaixo.

a)
```
  3642
 + 123
  2412
```

b)
```
   23
  × 5
  1015
```

c)
```
  6059
 - 429
  6430
```

d)
```
   ²182
   × 3
   546
```

cento e oitenta e sete **187**

Multiplicação com 2 algarismos

1. Resolva este problema e, depois, compare com a resposta de um colega.

> Carlos já sabe quantos dias há em um ano, mas foi desafiado a descobrir quantos dias há em 24 anos. Ajude-o a resolver esse desafio.

Resposta: _____

2. Veja como Verinha resolveu o problema 1 e responda a estas questões. Depois, compare suas respostas com as dos colegas.

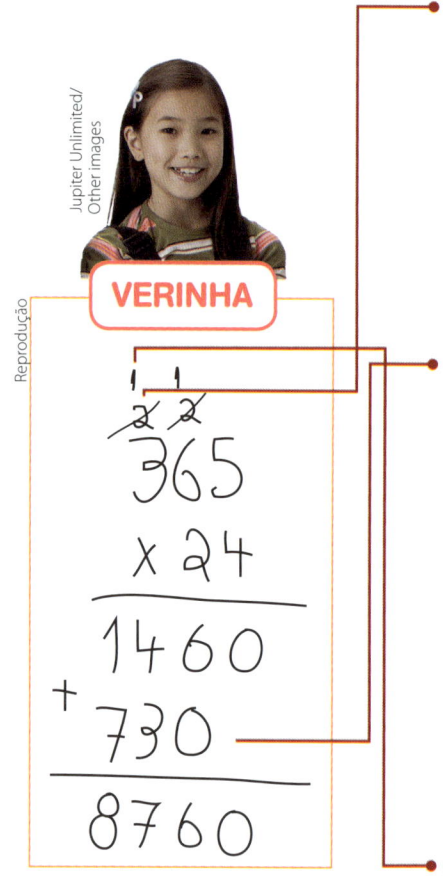

a) Quanto vale este 2? Por que ele foi riscado por Verinha?

_____

_____

_____

b) Por que Verinha não colocou nenhum algarismo nesta posição?

_____

_____

_____

c) Quanto vale este 1?

_____

188 cento e oitenta e oito

3. Veja o cálculo que Bia fez para resolver este problema e responda às perguntas.

> Na fábrica de Cássio chegam, todo mês, 407 caixas de parafusos. Em cada caixa há 61 parafusos. Quantos parafusos Cássio recebe todo mês?

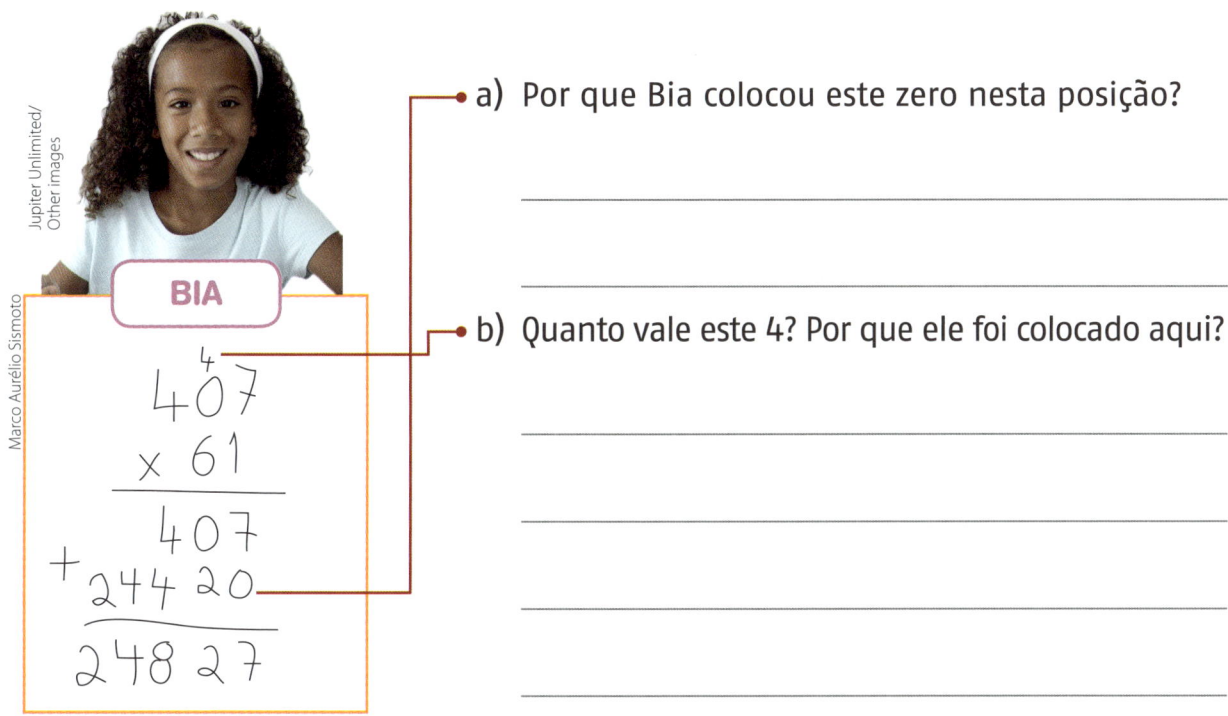

a) Por que Bia colocou este zero nesta posição?

_____

_____

b) Quanto vale este 4? Por que ele foi colocado aqui?

_____

_____

_____

_____

 • O que você achou do cálculo de Bia para resolver o problema? Você resolveria de um jeito diferente? Converse com os colegas e o professor.

4. Observe estes sinais matemáticos, alguns você já conhece. Escreva o que cada um representa.

a)    c)    e)    g)

_____   _____   _____   _____

b) 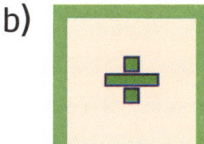   d)    f)    h)

_____   _____   _____   _____

cento e oitenta e nove **189**

Oficina de frações

1. Destaque os círculos da ficha 5 do material complementar. Depois, escreva a fração correspondente a cada uma das partes de cada círculo em relação ao todo.

a) Círculo amarelo. _____

b) Cada parte do círculo verde. _____

c) Cada parte do círculo laranja. _____

d) Cada parte do círculo azul. _____

e) Cada parte do círculo vermelho. _____

2. Observe estas figuras e escreva uma ou mais frações que representam as partes pintadas de cada um.

a)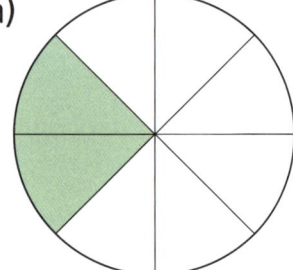

c)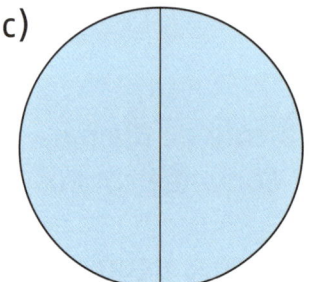

e)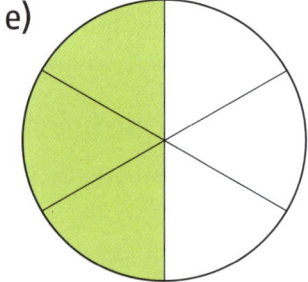

b)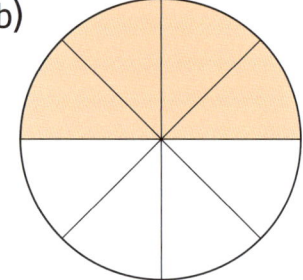

d)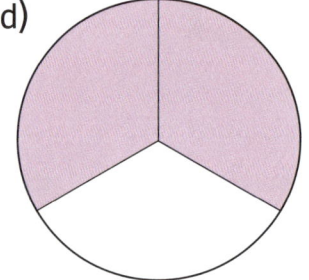

f)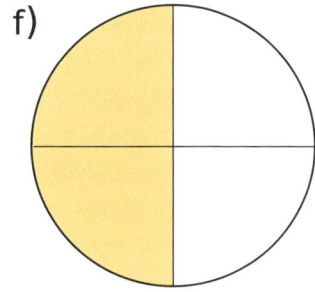

3. Observe estes círculos e responda às questões.

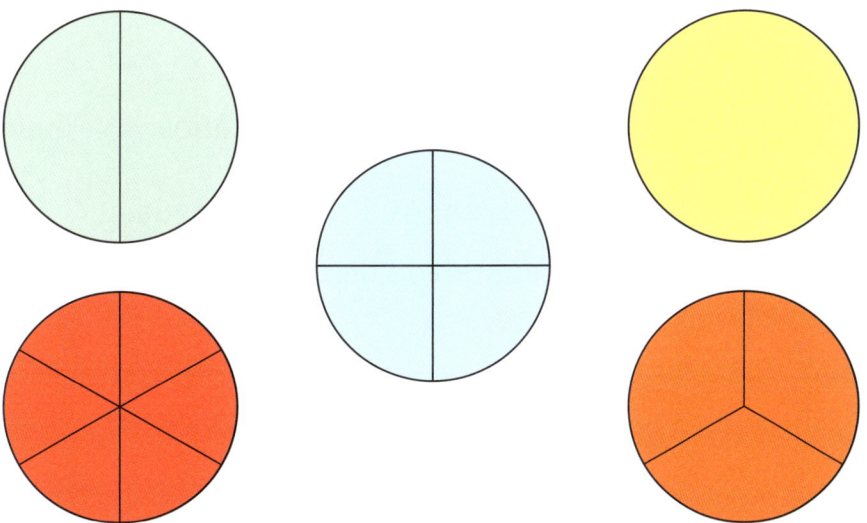

a) Quantas partes verdes correspondem ao círculo amarelo? _____

b) Quantas partes vermelhas correspondem a 1 parte do círculo verde? _____

c) Quantas partes azuis correspondem ao círculo amarelo? _____

d) Quantas partes laranjas correspondem ao círculo amarelo? _____

e) Qual é a fração que representa 3 partes vermelhas de um círculo? _____

f) Qual é a fração que representa 3 partes azuis de um círculo? _____

g) Qual é a fração que representa 2 partes laranjas de um círculo? _____

h) Qual é a fração que representa 5 partes vermelhas de um círculo? _____

i) Qual é a fração que representa uma parte amarela de um círculo? _____

4. Utilizando os círculos da atividade 3, formule outra pergunta para ser respondida por um colega. Depois, troquem de livro e responda à pergunta que ele fez.

_____

_____

Resposta: _____

Respondido por: _____

Problemas com frações

Resolva estes problemas. Utilize números fracionários.

1. Para encher uma jarra são necessários 5 copos de água.

a) Que fração representa a capacidade de cada copo de água em relação à jarra?

_____

b) Explique como você pensou para resolver o problema.

_____

_____

2. Observe os triângulos que foram pintados nestas figuras. Que frações você poderia utilizar para representar a parte pintada de cada figura?

a)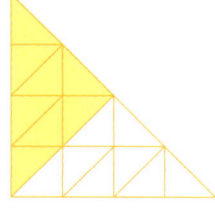

_____

c)

_____

b)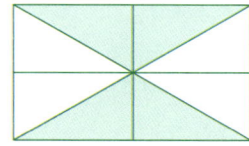

_____

d)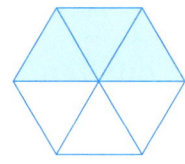

_____

3. Amanda comprou um papel-cartão e dividiu-o em dez pedaços iguais. Ficou com três pedaços e deu quatro pedaços para seus irmãos.

a) Com que parte do papel-cartão Amanda ficou? _____

b) E os irmãos? _____

c) Que parte do papel-cartão sobrou? _____

4. Observe este castelo desenhado em uma malha quadriculada.

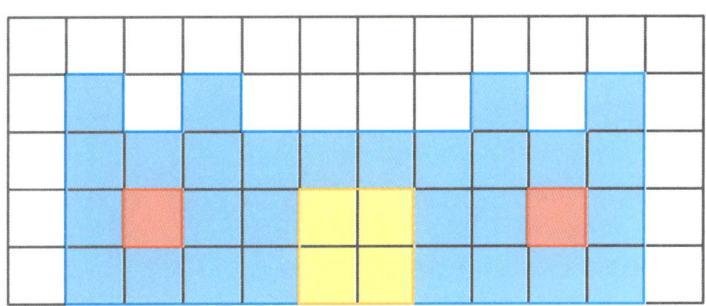

• Conte e anote quantos são:

a) os quadradinhos amarelos que representam a porta do castelo. _____

b) os quadradinhos vermelhos que representam as janelas do castelo. _____

c) os quadradinhos azuis que representam as paredes do castelo. _____

d) todos os quadradinhos da malha. _____

e) os quadradinhos que não foram preenchidos. _____

5. Observe novamente a figura do exercício 4. Que fração do inteiro representa a parte da malha pintada de:

a) amarelo? _____ c) azul? _____

b) vermelho? _____ d) branco (não-colorido)? _____

6. Complete estas afirmações individualmente e, em seguida, converse com os colegas sobre a representação fracionária.

a) Todos os quadradinhos coloridos, juntos, são representados pela fração ☐.

b) Os quadradinhos coloridos e os não-coloridos, juntos, são representados pela fração ☐.

TONINHO: VERINHA, O QUE É MAIOR, DOIS QUARTOS DE BOLO OU A METADE?

VERINHA: SÃO IGUAIS, PORQUE 2 É A METADE DE 4.

Gente que faz!

Jogo Batalha de Frações

Material necessário

- 32 cartas da ficha 4 do material complementar

Número de jogadores

- de 2 a 4 jogadores

Objetivo

- Ganhar o maior número de cartas da mesa.

Modo de jogar

- Todas as 32 cartas devem ser divididas igualmente entre os jogadores.
- Cada jogador deve fazer um montinho com suas cartas e colocá-las sobre a mesa com as faces viradas para baixo.
- Ao sinal "1, 2 e já!", dito por um dos participantes (combinar inicialmente), todos os jogadores devem virar a primeira carta do seu monte, colocando-a no centro da mesa.
- Os jogadores devem comparar as frações das cartas viradas. Aquele que tiver a carta com a maior fração ganha todas as cartas da rodada, separando-as em um monte ao seu lado. No caso de empate, as cartas permanecem na mesa para a próxima rodada.
- O jogo continua até que as cartas dos montes de todos os jogadores acabem.
- Ganha o jogo aquele que terminar com o maior número de cartas da mesa.

1. João, Bia, Toninho e Verinha estavam jogando **Batalha de Frações** e anotaram em uma tabela as cartas jogadas em cada rodada. Circule a maior fração de cada rodada do jogo e descubra quem foi o vencedor!

Rodadas	João	Bia	Toninho	Verinha	Vencedor da rodada
1ª	$\frac{4}{5}$	$\frac{5}{4}$	$\frac{7}{7}$	$\frac{6}{8}$	
2ª	$\frac{6}{6}$	$\frac{3}{6}$	$\frac{5}{6}$	$\frac{1}{3}$	
3ª	$\frac{2}{5}$	$\frac{4}{8}$	$\frac{6}{10}$	$\frac{5}{10}$	
4ª	$\frac{2}{3}$	$\frac{9}{10}$	$\frac{1}{4}$	$\frac{6}{7}$	
5ª	$\frac{4}{10}$	$\frac{1}{5}$	$\frac{8}{16}$	$\frac{2}{4}$	
6ª	$\frac{3}{3}$	$\frac{2}{6}$	$\frac{3}{2}$	$\frac{3}{4}$	

Vencedor do jogo: _____

2. Circule a maior fração de cada par. Ao lado das frações, justifique sua escolha.

a) $\frac{2}{3}$ e $\frac{2}{4}$ _____

b) $\frac{1}{2}$ e $\frac{5}{10}$ _____

c) $\frac{3}{7}$ e $\frac{5}{7}$ _____

Contando e operando

1. Descubra quantas lajotas cada morador usou no piso de seu quintal e anote.

Casa A – Daniela

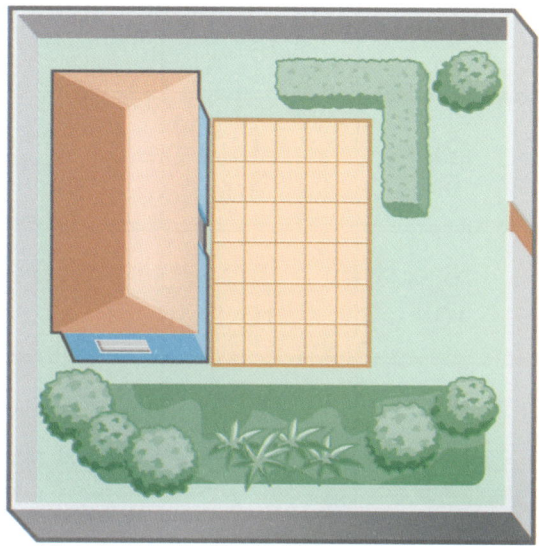

Casa C – Gabriel

Casa B – Alessandra

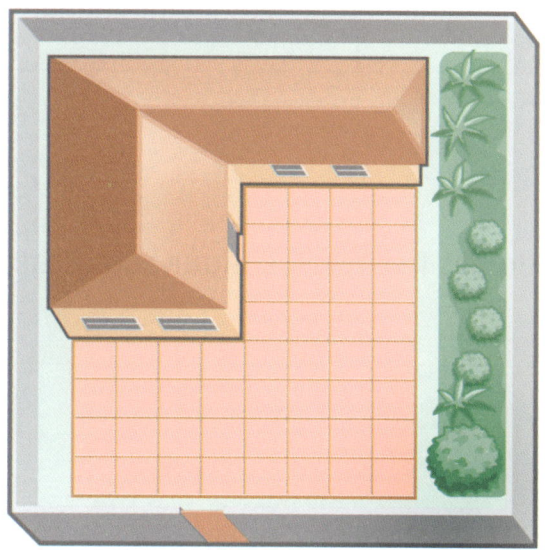

Casa D – Virgínia

2. Como você fez para descobrir quantas lajotas cada morador usou em sua casa? Contou uma a uma ou calculou de algum jeito? Converse com os colegas sobre as maneiras que vocês encontraram para descobrir a quantidade de lajotas do piso do quintal de cada casa.

3. Veja as manchas de tinta sobre as lajotas dos quintais da casa de Vera, de Lídia, de Sônia e de Carlos. Será que, mesmo com essas manchas, você consegue descobrir quantas lajotas há no quintal de cada uma dessas casas? Anote.

Casa E - Vera

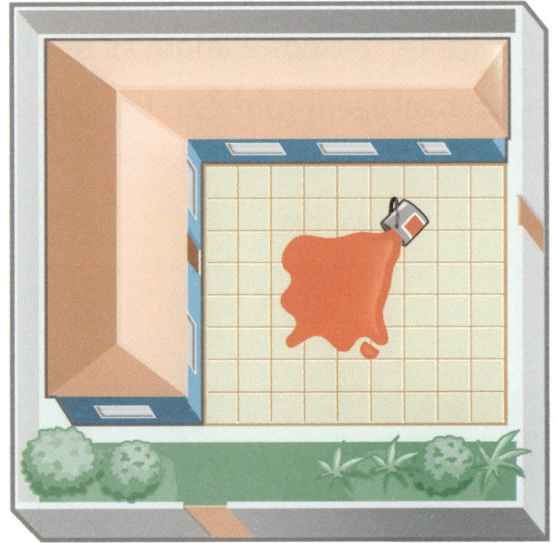

Casa G – Sônia

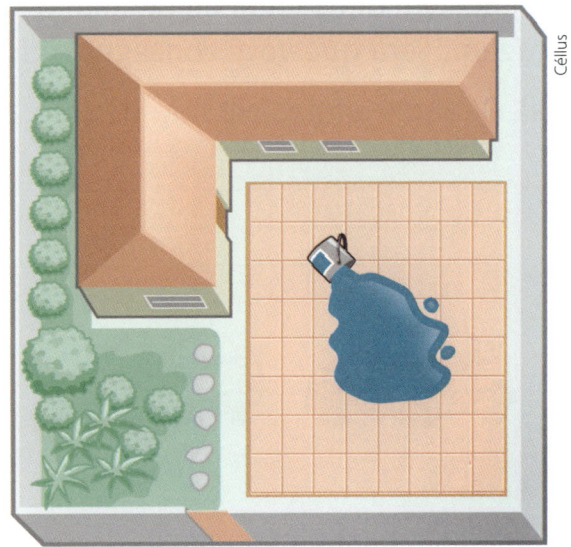

Casa F – Lídia

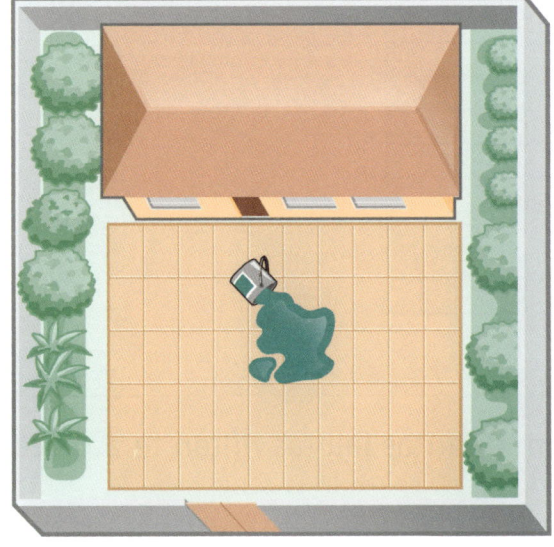

Casa H – Carlos

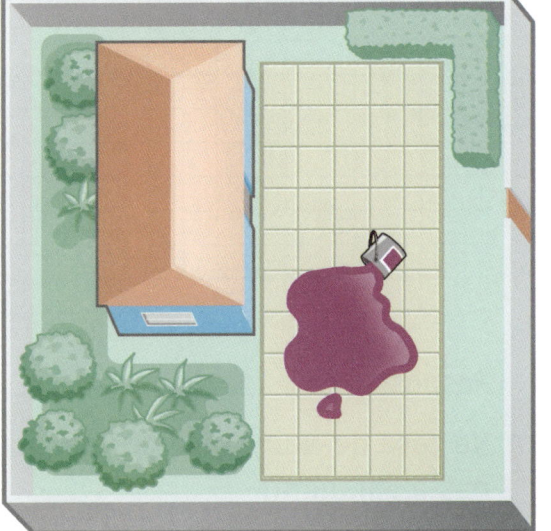

4. Converse com os colegas e o professor e descubram como calcular as lajotas de cada casa sem contá-las uma a uma. Anote.

Mais cálculos

1. O pedreiro Nílton tem de calcular quantas lajotas serão necessárias para cada garagem. Será que você consegue ajudá-lo? Faça os cálculos e anote as respostas.

a) Quantas lajotas ele terá de colocar em uma garagem com este formato?

Resposta: _____

b) Quantas lajotas serão necessárias para forrar o piso de duas garagens como estas?

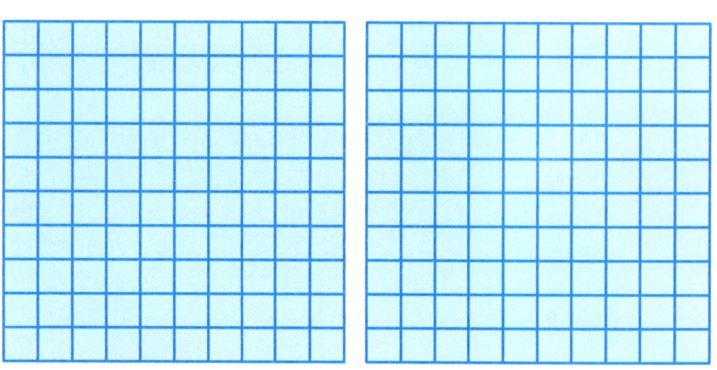

Resposta: _____

c) Na casa de Nair, haverá uma garagem. Quantas lajotas Nílton terá de colocar nesta garagem?

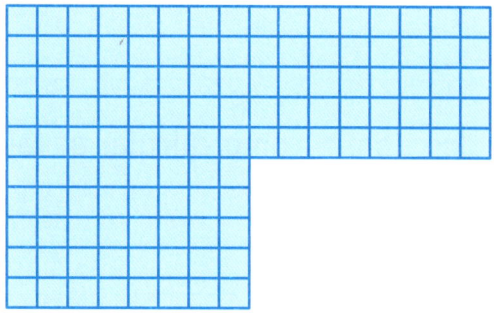

Resposta: _____

2. Veja como Nílton calculou quantas lajotas há no quintal da casa de Paulo.

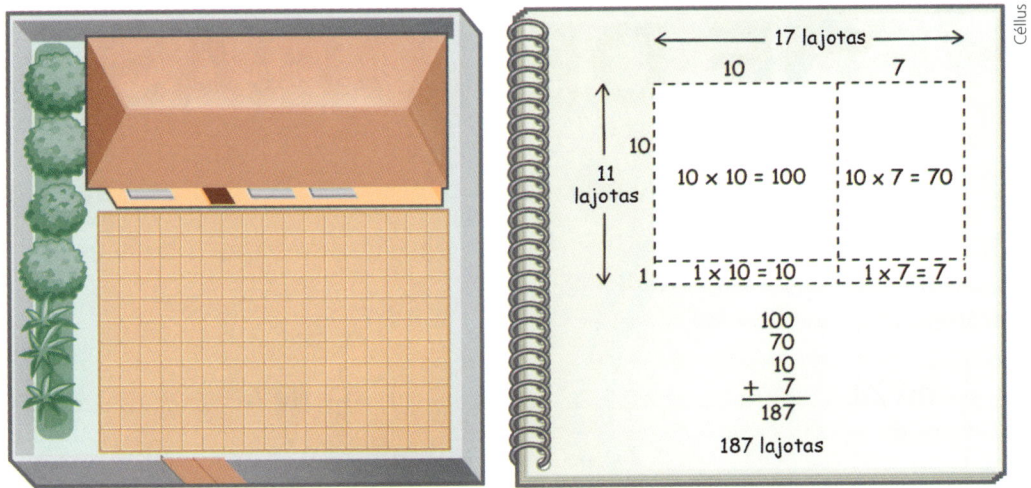

No quintal da casa de Paulo há 187 lajotas.

 a) Converse com os colegas e o professor e tente compreender como funciona essa forma de calcular usada por Nílton.

b) Termine o cálculo das lajotas do quintal de Raquel.

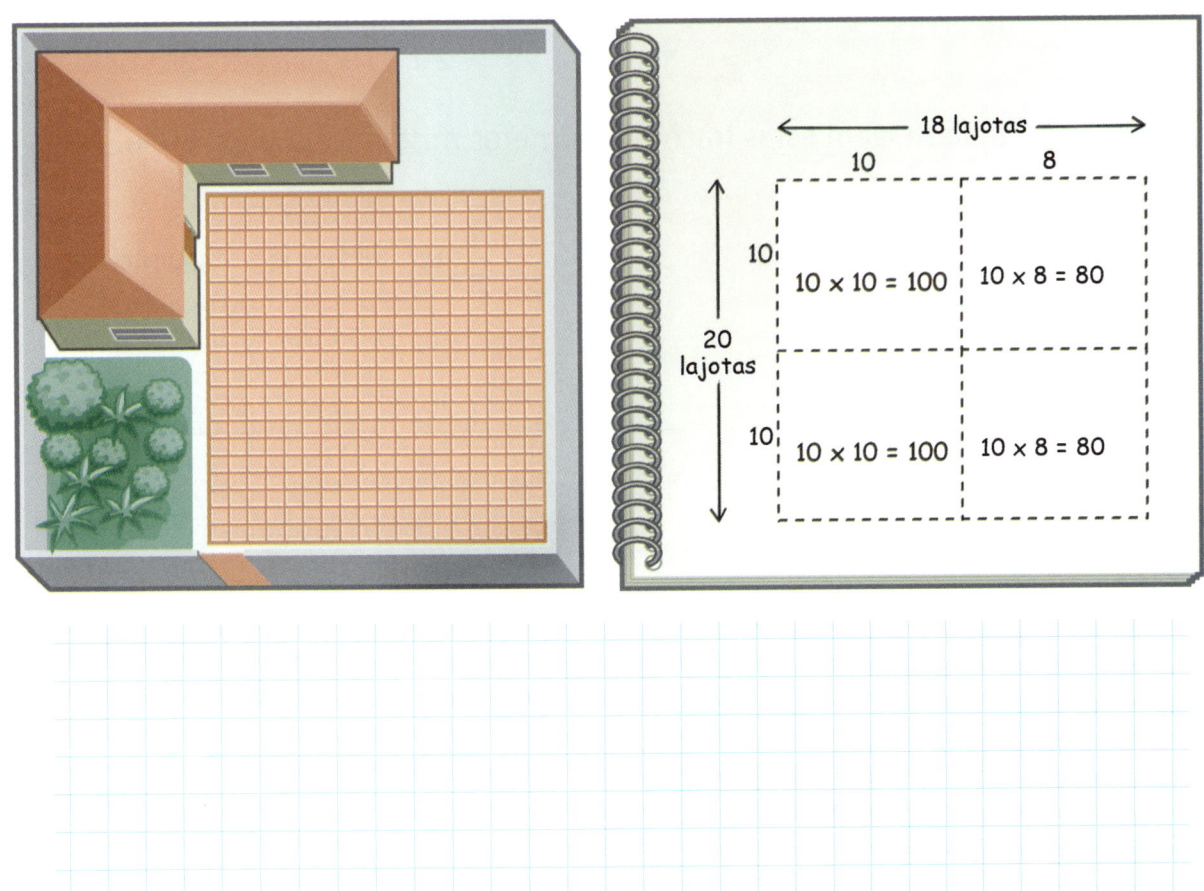

No quintal da casa de Raquel há _____ lajotas.

REDE DE IDEIAS

1. Calcule.

a) $\frac{1}{2}$ de 20 _____

b) $\frac{1}{4}$ de 20 _____

c) $\frac{1}{5}$ de 20 _____

d) $\frac{1}{10}$ de 20 _____

e) $\frac{1}{20}$ de 20 _____

f) $\frac{1}{2}$ de 40 _____

g) $\frac{1}{4}$ de 40 _____

h) $\frac{1}{5}$ de 40 _____

i) $\frac{1}{10}$ de 40 _____

j) $\frac{1}{20}$ de 40 _____

2. Escreva como se leem estas frações e números mistos. Veja o exemplo.

$\frac{7}{4}$ sete quartos

$1\frac{1}{5}$ um inteiro e um quinto

a) $\frac{2}{3}$ _____

b) $\frac{5}{12}$ _____

c) $\frac{8}{9}$ _____

d) $1\frac{3}{5}$ _____

e) $2\frac{1}{2}$ _____

200 duzentos

3.  Converse com os colegas e o professor a respeito das descobertas que vocês fizeram sobre as frações.

> **Concluam:**
> - Quanto mais se divide algo, como ficam os pedaços?
> - Como saber qual é a fração menor ou maior?

4. Carla fez um bolo e pensou em dividir igualmente entre seus netos, Lúcia, Beto e Maurício.

a) Que parte cada um receberá do bolo feito?

___

b) Cada um receberá mais ou menos do que a metade?

___

c) Quantas partes receberão Beto e Maurício juntos?

___

d) Quantas partes receberão os três juntos?

___

e) Carla fez um novo bolo, igual ao anterior. Só que agora ela irá dividir igualmente entre ela e seus 3 netos. Em quantas partes iguais o bolo deverá ser dividido? Quanto do bolo cada um poderá comer, para que todos comam o mesmo tanto?

___

___

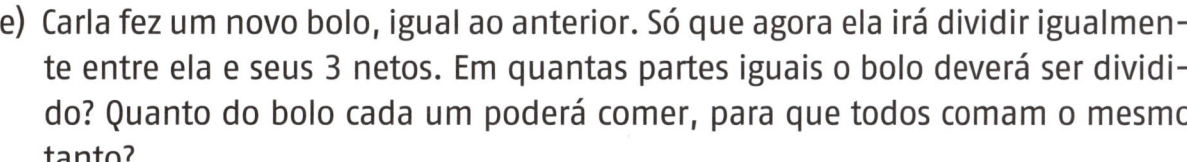

CONVIVÊNCIA

Convivendo na sala de aula

Observe esta cena. Ela mostra uma situação muito comum entre colegas de uma classe.

Converse com os colegas e o professor sobre estas questões:
a) O que está acontecendo nessa cena?
b) Você já viveu ou presenciou alguma situação parecida com essa em classe?

Ajudando um amigo

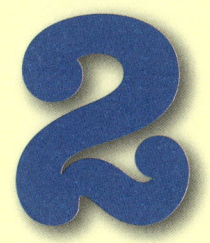

Resolva o problema da cena.

Resposta: _____

 • Conte aos colegas da classe como você resolveu o problema e ouça as ideias que eles tiveram.

 Reúna-se com alguns colegas e conversem sobre outras situações desagradáveis vividas por vocês em sala de aula.

ME EMPRESTA UM LÁPIS?

EU NÃO! CADÊ O SEU LÁPIS?

Alberto de Stefano

Combinando regras de convivência

 Com os colegas e o professor, pensem sobre como tratar e se relacionar bem com os colegas em classe.

Trate os colegas da mesma forma como você quer ser tratado!

UNIDADE 8

Vende-se e compra-se

IMAGEM E CONTEXTO

1. Onde você mora há feiras? Como elas são? Que tipo de produtos são comercializados? Conte aos colegas e ao professor.

2. De que forma são calculados os preços a serem pagos pelos produtos da fotografia?

3. Complete a tabela com exemplos de produtos vendidos em:

	Produtos
dúzias	
litros	
quilogramas	

As quatro operações

1. Complete a tabela com as informações que você já tem sobre as operações fundamentais da Matemática.

Operação	Sinal (ou sinais)	Ideias da operação (ações que nos remetem à operação)	Exemplo de um problema envolvendo a operação	Exemplo de conta armada (algoritmo)
Adição				
Subtração				
Multiplicação				
Divisão				

2. Em cada um destes problemas há uma sentença que expressa uma maneira de resolvê-lo. Descubra a sentença correspondente em cada caso e marque-a.

a) Ana é 25 anos mais nova que sua mãe. Quantos anos Ana terá quando sua mãe fizer 50 anos?

| 50 − 25 = 25 | 25 + 50 = 75 | 50 × 25 = 1 250 | 50 ÷ 25 = 2 |

b) Quatro amigos comemoraram a conquista da Taça Libertadores da América num restaurante. A conta deu 18 reais. Quanto cada um pagou, se dividiram a conta igualmente entre eles?

| 18 − 4 = 14 | 18 + 4 = 22 | 18 × 4 = 72 | 18 ÷ 4 = 4,50 |

c) Para a final da Taça Libertadores da América foram vendidos 32 mil ingressos. Se o preço de cada ingresso fosse 20 reais, qual seria a renda exata do jogo?

| 32 000 + 20 = 32 020 | 32 000 − 20 = 31 980 |
| 32 000 × 20 = 640 000 | 32 000 ÷ 20 = 1 600 |

3. Resolva este problema, registre todos os seus cálculos e responda de maneira clara e completa.

Tomás ganhou 8 caixas com 6 bombons em cada uma. Despejou todos eles num pote, no qual já havia 12 bombons. Então, escolheu 6 para dar a sua mãe e o restante dividiu igualmente entre ele mesmo, seus 3 irmãos e seus 2 primos. Quantos bombons cada um recebeu? Sobraram bombons? Quantos?

Resposta: _____

Desafio com as quatro operações

1. Observe alguns números escritos por extenso.

- Substitua as letras pelos números que elas representam e resolva estas operações fazendo o cálculo mentalmente.

a) a – c

b) e × c

c) c ÷ e

d) f + d

e) b ÷ e

f) g – c

2. Invente duas operações que resultem em números indicados na primeira parte da atividade 1 e dê para um colega resolver.

3. Junte-se a um ou mais colegas para resolver estes problemas. Registrem seus cálculos. Antes, porém, tentem fazer uma estimativa do resultado de cada problema e anotem-na.

a) Para sua festa de casamento, Válter comprou 288 latas de refrigerante, que vieram em caixas com 24 latas cada uma. Quantas caixas de refrigerante Válter comprou?

Estimativa:

Resposta: _____

b) No salão de festas havia 35 mesas. Em cada mesa sentaram-se 6 pessoas. Quantas pessoas foram à festa?

Estimativa:

Resposta: _____

4. Observe como alguns alunos resolveram o primeiro problema da atividade acima e converse com os colegas e o professor.

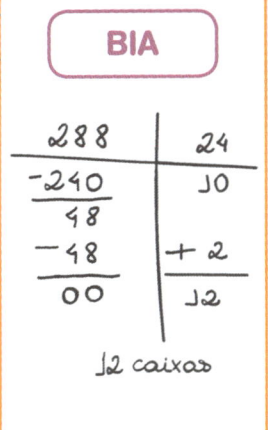

BIA

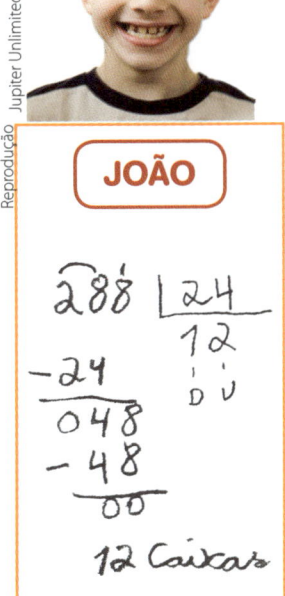

JOÃO

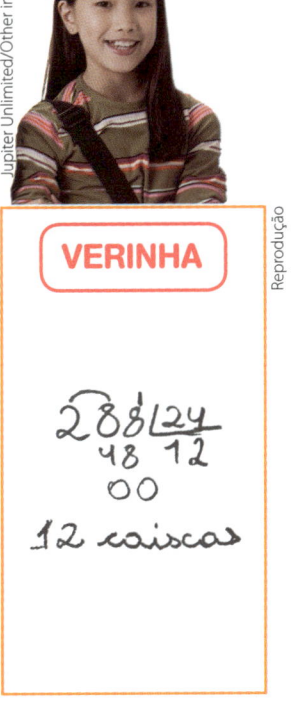

VERINHA

duzentos e nove **209**

Onde está o erro?

1. Veja como alguns alunos resolveram os problemas a seguir e responda às questões.

Cento e cinquenta lápis foram guardados em estojos com capacidade para 12 lápis cada um. Quantos estojos foram utilizados para guardar todos os lápis?

TONINHO

```
 12        150
+12       - 24   2 estojos
 ——       ———
 24       126
          - 24   4 estojos
          ———
          102
          - 24   6 estojos
          ———
           78
          - 24   8 estojos
          ———
           54
          - 24   10 estojos
          ———
           30
          - 24   12 estojos
          ———
           06
```

Resposta: Doze estojos.

JOÃO

```
150 |_12_
-12   12
———  + 1
 030 ———
 -24   13
———
  06
```

Resposta: Treze estojos.

a) Quem está com a razão e por quê? _____

b) Converse com os colegas e o professor sobre o que representa o número 6 que sobrou nas divisões e anote suas conclusões.

_____

210 duzentos e dez

Os 180 alunos do 4º ano de uma escola e 6 professores vão fazer um passeio ao Museu da Imigração. Foram contratados ônibus com lotação para 40 pessoas. Quantos ônibus serão necessários para o passeio?

BIA

186 | 40
−80 | 2
106
−80 | +2 | +4
26 | 4 | +1
              5

Resposta: Cinco ônibus.

VERINHA

186 | 40
 26 | 4

Resposta: Quatro ônibus.

c) Quem está com a razão e por quê? _____

_____

d) O que acontecerá se forem contratados 4 ônibus?

_____

2. Leia atentamente este problema e marque a operação que o resolve. Justifique sua escolha.

Murilo juntou 60 palitos de sorvete e amarrou-os de 12 em 12. Quantas dúzias de palitos ele conseguiu formar?

| 60 + 12 = 72 | 60 − 12 = 48 | 60 × 12 = 720 | 60 ÷ 12 = 5 |

_____

_____

_____

duzentos e onze **211**

Desenhos e representações numéricas

1. Observe as partes coloridas destas figuras e escreva quais figuras correspondem à fração metade $\left(\dfrac{1}{2}\right)$ e quais correspondem à fração um quarto $\left(\dfrac{1}{4}\right)$.

a)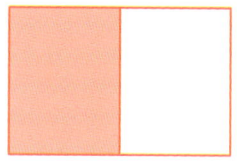

_____

d)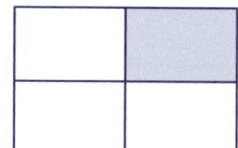

_____

g)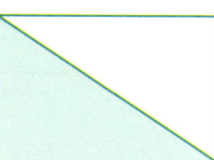

_____

b)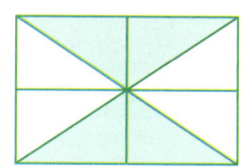

_____

e)

_____

h)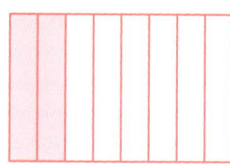

_____

c)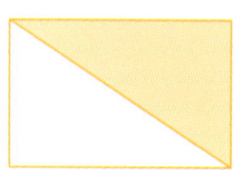

_____

f)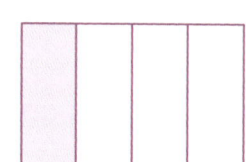

_____

i)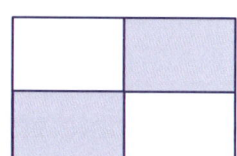

_____

2. Descubra quais destas frações representam a parte pintada em relação a cada figura inteira e marque-as.

a) 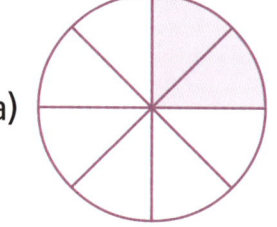 $\dfrac{8}{2}$ $\dfrac{2}{8}$ $\dfrac{1}{4}$ $\dfrac{2}{4}$ $\dfrac{1}{8}$

b) 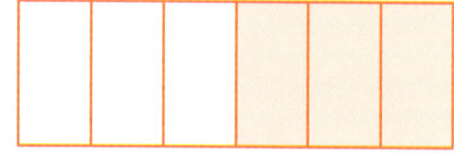 $\dfrac{2}{5}$ $\dfrac{3}{8}$ $\dfrac{1}{2}$ $\dfrac{3}{4}$ $\dfrac{3}{6}$

3. Escreva uma fração que represente as partes pintadas de cada figura.

a)

_____

b)

_____

c)

_____

d)

_____

e)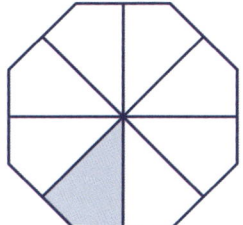

_____

f)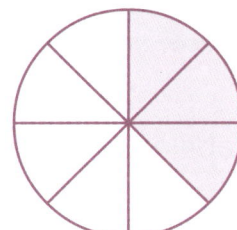

_____

g)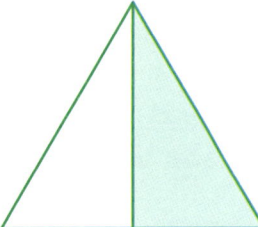

_____

h)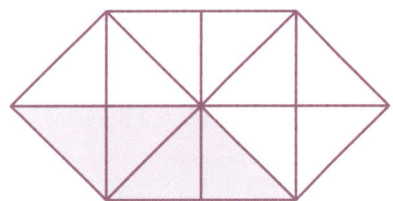

_____

i)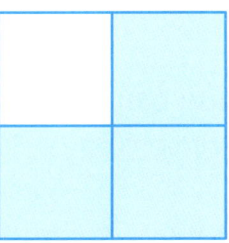

_____

j)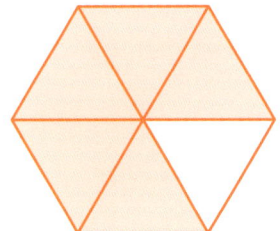

_____

Dividindo em partes iguais

Complete estas tabelas.

1. Dois irmãos dividiram igualmente 1 chocolate. Veja na tabela quanto cada um comeu. E se fossem 3 irmãos? E 4 irmãos? Calcule até 6 irmãos.

Número de irmãos	2	3	4	5	6
Quantidade de chocolate que cada um comeu	$\frac{1}{2}$				

- O que acontece quando o chocolate é dividido igualmente por um número maior de pessoas? Converse com os colegas e o professor.

2. Duas amigas dividiram igualmente um pastel. Veja na tabela quanto cada uma comeu. E se fossem 2 pastéis? E 3 pastéis? Calcule até 5 pastéis.

Número de pastéis	1	2	3	4	5
Quantidade para cada amiga	$\frac{1}{2}$				

- À medida que os pastéis são acrescentados, quanto a mais cada uma ganhará? Converse com os colegas e o professor.

3. Renato dividiu o bolo de sua festa de aniversário em 20 pedaços iguais. Se cada pessoa comer 1 pedaço, que parte do bolo irá comer? Calcule a parte que uma pessoa comeria desse bolo se ele fosse dividido em 25, 30, 50 ou 100 pedaços iguais.

Número de pessoas	20	25	30	50	100
Quantidade de bolo para cada um	$\frac{1}{20}$				

- O que acontece quando o bolo é dividido igualmente em um número maior de pessoas? Converse com os colegas e o professor.

4. Cinco amigos dividiram uma *pizza* igualmente entre eles. Quanto cada um pôde comer? E se fossem 2 *pizzas*? E 3 *pizzas*? E 4 *pizzas*? E 5 *pizzas*? Descubra quanto cada amigo poderia comer em cada caso e complete a tabela.

Número de pizzas	1	2	3	4	5
Quantidade para cada amigo					

- A cada nova *pizza* pedida, quanto cada amigo comeria a mais? Converse com os colegas e o professor sobre isso.

5. O cine Telão vende bilhete de meia-entrada para estudantes.

- Complete a tabela de acordo com o número de estudantes que compareceram nas diferentes sessões do cine Telão ontem.

Número de estudantes	1	3	5	10	20
Entrada(s)	$\frac{1}{2}$				

6. Resolva este problema.

Um bolo de chocolate foi dividido em 6 partes iguais. Dona Lúcia comprou $\frac{1}{6}$ desse bolo. Quantos pedaços a mais ela precisaria comprar para levar o bolo inteiro?

Resposta: _____

Frações que representam partes de quantidades

1. Calcule e anote as frações de cada quantidade indicada.

a) $\frac{3}{4}$ da quantidade de refrigerantes desta caixa

b) $\frac{3}{4}$ do número de rodas de um automóvel (sem contar o estepe)

c) $\frac{1}{2}$ de um período de 3 horas

d) $\frac{1}{4}$ da quantidade de ovos desta caixa

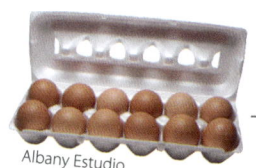

e) $\frac{3}{10}$ do valor desta nota

f) $\frac{1}{2}$ da quantidade de patas de um elefante

g) $\dfrac{1}{2}$ do número de peças que há neste tabuleiro de xadrez

_____

h) $\dfrac{2}{3}$ da quantidade de canetas

_____

i) $\dfrac{2}{5}$ do valor desta nota

Museu de Valores/Banco Central do Brasil

_____

2. Calcule as quantidades indicadas. Se precisar, desenhe!

a) $\dfrac{1}{2}$ de 6 ovos

_____

b) $\dfrac{3}{4}$ de 8 canetas

_____

c) $\dfrac{2}{3}$ de 15 bolachas

_____

d) $\dfrac{3}{5}$ de 20 pastas

_____

e) $\dfrac{1}{6}$ de 24 lápis

_____

f) $\dfrac{4}{8}$ de 32 balas

_____

duzentos e dezessete **217**

Números vizinhos e sentenças matemáticas

1. Escreva, em cada espaço do diagrama, os números de **1** a **8**, sem deixar que números consecutivos fiquem em espaços vizinhos.

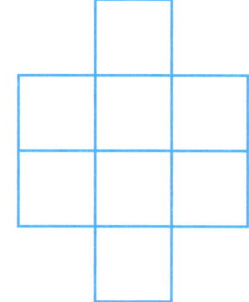

ATENÇÃO: Quadradinhos ligados apenas pela pontinha (vértice) também são considerados vizinhos!

2. Observe os números que já estão colocados em cada diagrama e tente descobrir qual é o segredo para a colocação dos números. Depois, complete os diagramas de baixo para cima.

3. Você conhece os quadrados mágicos? Eles são chamados assim porque a soma dos números de cada linha é igual à soma dos números de cada coluna e de cada diagonal. Complete este quadrado mágico usando os números de 1 a 9.

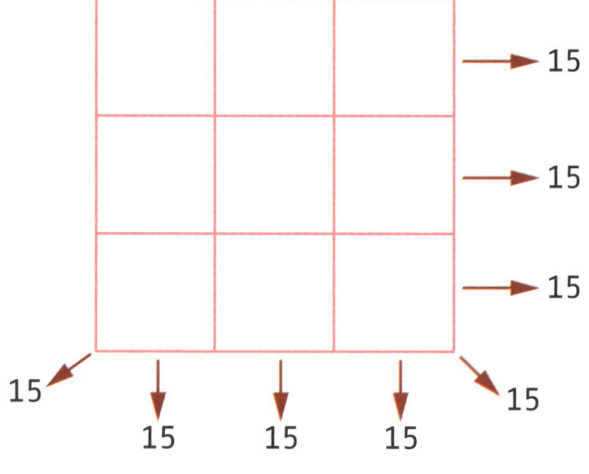

218 duzentos e dezoito

Veja como Toninho e Bia registraram alguns cálculos que fizeram para conferir seus quadrados mágicos.

Eles conferiram apenas as somas de uma linha, de uma coluna e de uma diagonal. Observe que eles usaram números diferentes, ou seja, que esse quadrado mágico tem várias possibilidades de resposta, mas sempre com somas que resultam 15!

Toninho utilizou contas armadas verticalmente e Bia escreveu as três parcelas de cada adição e o total da soma na mesma linha.

> O jeito utilizado por Bia para registrar seus cálculos é um exemplo de **sentença matemática**.

4. Tente fazer este outro quadrado mágico. Desta vez, você deverá usar cada um dos números de 1 a 16 uma única vez. Complete-o de forma a obter 34 na soma em todas as linhas, colunas e diagonais do quadrado.

Lembre-se de conferir as suas somas!

	5		9
		2	
1	8	13	12
	10		

5. Complete este quadrado mágico, usando cada um dos números ímpares de 13 a 21 uma única vez.

PISTA: Você deverá obter um total de 51 na adição dos números de todas as linhas, colunas e diagonais do quadrado mágico.

16		14
20		18

De olho no dinheiro

Luís disse que 50 centavos é a metade de 1 real, porque são necessárias duas moedas de 50 centavos para se obter 1 real.

1. Complete esta tabela com as moedas que são necessárias para formar 1 real e as frações que elas representam em relação a 1 real.

Moedas	Quantas moedas são necessárias para formar 1 real	Fração que o valor de cada moeda representa em relação a 1 real
1 real	1	$\frac{1}{1}$ ou 1 inteiro
50 centavos	2	$\frac{1}{2}$
25 centavos		
10 centavos		
5 centavos		
1 centavo		

2. Veja nesta tabela os descontos que uma loja está oferecendo para cada tipo de carro, se for pago à vista. Descubra o preço final de cada um, considerando os descontos.

Carro	Preço	Desconto para pagamento à vista	Preço final
Picape 1999	R$ 10 500,00	R$ 1 050,00	
Sedan 2000	R$ 14 400,00	R$ 1 440,00	
Caminhonete 1997	R$ 15 000,00	R$ 1 500,00	
Perua 1998	R$ 9 600,00	R$ 960,00	
Sedan 2001	R$ 13 800,00	R$ 1 380,00	
Van 2004	R$ 30 000,00	R$ 3 000,00	

3. Essa mesma loja está facilitando o preço desses carros, a prazo, desta maneira:

Compre qualquer um desses carros com:

$\frac{1}{3}$ de entrada e o restante em 4 vezes sem acréscimo

Picape 1999	Sedan 2000	Sedan 2001
R$ 10 500,00	R$ 14 400,00	R$ 13 800,00
Caminhonete 1997	Perua 1998	Van 2004
R$ 15 000,00	R$ 9 600,00	R$ 30 000,00

a) Se você fosse um comprador e tivesse R$ 3 200,00 para dar entrada num carro, qual carro poderia comprar? _____

b) Se utilizar as condições de pagamento a prazo que a loja está oferecendo, como teria de pagar o carro? _____

4. Converse com os colegas e o professor sobre quando é mais vantajoso comprar à vista e quando é mais vantajoso comprar a prazo.

Dinheiro: juntando e gastando

1. Observe o extrato bancário de Fábio, calcule e responda às questões.

PRESTE BASTANTE ATENÇÃO PARA FAZER CONTAS COM DINHEIRO! NÃO MISTURE OS REAIS E OS CENTAVOS, POIS SÃO UNIDADES DE MEDIDA DIFERENTES. LEMBRE-SE DE QUE CADA REAL EQUIVALE A 100 CENTAVOS, OU SEJA, CADA CENTAVO É UM CENTÉSIMO DE REAL.

BANCO BRASILEIRO

EXTRATO CONTA CORRENTE — TERM. 5614
FÁBIO MACEDO CRUZ — 16:54 H
AGÊNCIA 0498 CONTA 0053734-9 — 07/03/2009

SALDO CONTA CORRENTE
333,38

DATA	HISTÓRICO	N. DOCTO	VALOR
28/02	SALDO ANTERIOR		696,43
01/03	CHEQ. COMPENSADO	0001673	28,95-
01/03	CHEQ. COMPENSADO	0001642	41,00-
02/03	COBRANÇA	0231229	2,20-
02/03	CHEQ. COMPENSADO	0001667	53,05-
03/03	CHEQ. COMPENSADO	0001598	64,00-
03/03	CHEQ. COMPENSADO	0001630	48,00-
03/03	CHEQ. COMPENSADO	0001668	10,00-
03/03	CHEQ. COMPENSADO	0001672	63,93-
04/03	CHEQ. COMPENSADO	0001629	51,97-
07/03	SALDO TOTAL		333,38

a) Qual o saldo total que Fábio tem no banco? _____

b) Se ele passar um cheque no valor de R$ 58,00, como ficará seu novo saldo?

_____

c) E se, depois disso, Fábio passar 2 cheques: um no valor de R$ 75,00 e outro de R$ 125,00, de quanto será seu novo saldo?

2. Faça os cálculos mentalmente para resolver estes problemas e responda-os.

VENDO MOTO
04/05
R$ 4 800,00
Telefone: 3020 1000

a) Fábio juntou na poupança R$ 6 000,00. Gastou R$ 1 500,00 e, depois, conseguiu juntar novamente R$ 1 300,00. Que quantia Fábio poupou?

_____

b) Observe acima o anúncio que Fábio recortou de uma revista. Se Fábio comprar essa moto em 6 parcelas iguais, qual será o valor de cada parcela?

_____

c) Se Fábio comprar a moto à vista, quanto sobrará na poupança?

_____

3. Leia este texto e registre uma operação com os dados do texto. Depois, troque de livro com um colega para que ele formule uma pergunta que possa ser respondida com a operação que você fez.

Regina foi às compras levando R$ 125,00 na carteira. Primeiro passou no mercado e gastou a metade desse dinheiro. Depois foi ao açougue e comprou 3 quilogramas de carne por R$ 19,50. Em seguida, foi à padaria e comprou 8 pãezinhos por R$ 0,30 cada um e 2 litros de leite por R$ 1,89 cada um. Finalmente, passou no jornaleiro e comprou 4 revistinhas por R$ 4,80.

Registro da operação:

Registro da pergunta:

Ganhos e gastos

1. Junte-se a um colega e resolva estes problemas.

a) Amélia é professora e trabalha em três escolas. Na primeira, ela recebe, mensalmente, um salário de R$ 430,00. Na segunda escola, ela recebe o dobro da primeira e, na terceira, a terça parte da soma das duas anteriores. Quanto Amélia recebe por mês?

Resposta: _____

b) Veja os gastos aproximados que Amélia tem no mês:

> Aluguel e condomínio: R$ 520,00
> Luz, água, gás, telefone: R$ 110,00, em média
> Supermercado: R$ 580,00, em média
> Gasolina: R$ 120,00, em média
> Gastos extras: R$ 300,00, em média

- Calcule o total de despesas de Amélia e quanto sobra de seu salário no final do mês.

Resposta: _____

2. Imagine que você foi sorteado e pode ganhar 150 reais em mercadorias num *shopping center*, porém há duas regras que você precisa seguir:

- Você pode escolher somente um objeto em cada loja.
- Você deve escolher itens cujos preços somem exatamente 150 reais.

LOJA SÓ CALÇAS
R$ 17,00 | R$ 14,00 | R$ 19,00 | R$ 21,00

LOJÃO DO FRIO
R$ 70,00 | R$ 63,00 | R$ 74,00 | R$ 66,00

SAPATARIA ALMEIDA
R$ 33,00 | R$ 29,00 | R$ 24,00 | R$ 37,00

COUROS LOPES
R$ 46,00 | R$ 44,00 | R$ 51,00 | R$ 39,00

- Há sete maneiras diferentes de gastar exatamente 150 reais, comprando apenas uma peça em cada loja. Quantas você consegue encontrar? Anote-as.

duzentos e vinte e cinco **225**

Relacionando massas

Utilizamos o quilômetro (km) para medir grandes distâncias ou comprimentos. Para medir distâncias e comprimentos menores podemos usar o metro (m), o centímetro (cm) ou o milímetro (mm), dependendo do caso.

Para medirmos grandes massas utilizamos a tonelada (t). Para massas menores podemos usar o grama (g) ou o quilograma (kg), dependendo do caso.

Alguns dinossauros pesavam mais do que 1 tonelada.

Leia este texto para conhecer um pouco mais sobre esses animais.

Um pouco de história

Dinossauro vem do grego *deinós-saûros*, que significa "lagarto aterrorizante".

[...]

Estegossauro

Período: Jurássico.

Massa: quatro toneladas.

Tamanho: oito metros de comprimento e quatro metros de altura.

Tinha placas ósseas que ficavam em pé ao longo de sua coluna vertebral e serviam de reguladores térmicos. O pescoço terminava numa cabeça muito pequena.

Tiranossauro rex

[...]

Tiranossauro rex

Período: Cretáceo.

Massa: oito toneladas.

Tamanho: doze metros de comprimento e seis metros de altura. O maior carnívoro terrestre encontrado até hoje. Tinha cinquenta dentes afiadíssimos de até vinte centímetros.

Marcelo Duarte. *Guia dos curiosos*. São Paulo: Companhia das Letras, 1998. p. 69.

1. Converse com os colegas e o professor sobre o que é tonelada e responda estas questões.

   a) 1 quilograma equivale a quantos gramas? _____

   b) 1 tonelada equivale a quantos quilogramas? _____

2. Relacione a cada elemento abaixo sua massa aproximada.

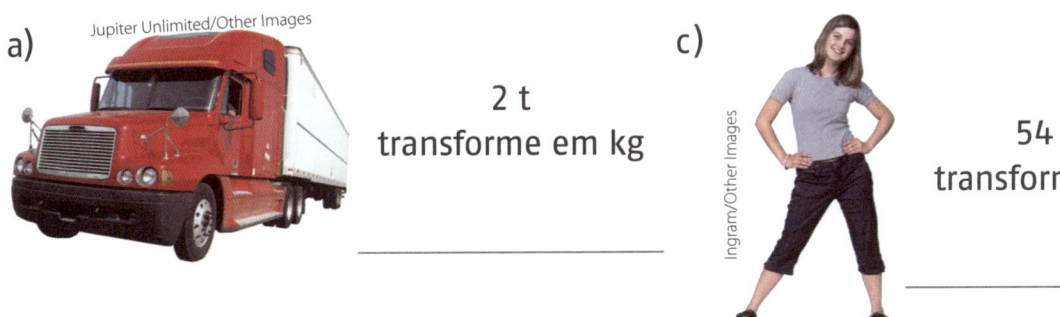

cavalo   homem   livro   caneta   elefante

| 78 kg | 800 g | 6 t | 410 kg | 6 g |

3. Observe a massa marcada ao lado de cada figura e transforme-a na unidade pedida.

a) 2 t transforme em kg
_____

b) 5 kg transforme em g
_____

c) 54 kg transforme em g
_____

d) 25 kg transforme em g
_____

duzentos e vinte e sete 227

Conhecendo outras medidas

1. Com 1 litro de leite Lúcia encheu 5 mamadeiras e não sobrou nada na embalagem. Observe:

- Se Lúcia colocou 200 mililitros de leite em cada uma das 5 mamadeiras, quantos mililitros há em 1 litro? Explique a sua resposta. Você pode desenhar, escrever ou fazer contas.

Resposta: _____

> **Litro** (ℓ) e **mililitro** (mℓ) são unidades de medidas usadas para medir quantidades de líquido de um recipiente. São chamadas unidades de **medidas de capacidade**.

2. Você conhece outros produtos cujas quantidades são medidas em litros ou mililitros? Cite alguns.

_____

_____

3. Observe a capacidade de cada um destes recipientes e responda às questões.

a) Quantas colheres de chá equivalem a uma colher de sopa?

_____

b) Se despejar o refrigerante de uma lata cheia em um copo de 200 mℓ, quanto sobrará na lata?

_____

c) Quantos copos de água são necessários para encher uma panela de pressão?

_____

d) Agora que você já sabe quantos copos são necessários para encher uma panela de pressão, calcule quantos copos seriam necessários, aproximadamente, para encher o balde de 20 litros.

_____

Medindo comprimentos

Quando medimos comprimentos, podemos usar diferentes unidades de medida. Como exemplo temos os metros e os centímetros. Assim, poderemos representar 1 metro e 8 centímetros desta forma: 1,08 m

O símbolo do metro (m) refere-se à parte inteira registrada à esquerda da vírgula: 1 metro. A parte registrada à direita da vírgula representa os centímetros: 8 centímetros.

1,08 m
parte inteira do valor registrado

1. Converse com os colegas e o professor sobre essa forma de escrevermos medidas. Você pode usar exemplos, como a sua própria altura e a altura de seus colegas.

2. Após conversar com os colegas e o professor, escreva por extenso como devem ser lidas estas medidas. Depois, registre-as em centímetros.

Medida	Escrita por extenso	Medida em centímetros
1,52 m		
12,20 m		
98 cm		
10,5 m		

> Os algarismos à esquerda da vírgula representam a quantidade de inteiros da unidade de medida utilizada, enquanto os algarismos à direita representam a quantidade de partes menores que um inteiro, ou seja, as partes da unidade de medida utilizada.

3. Complete.

Quando dividimos 1 metro em 100 partes iguais, cada uma das partes equivale a _____ centímetro. E quando dividimos 1 metro em 10 partes iguais, cada parte equivale a _____ centímetros.

1 ÷ 100 = 0,01, ou seja, 1 cm	→	1 centésimo de metro ou 1 centímetro
1 ÷ 10 = 0,1, ou seja, 1 dm	→	1 décimo de metro ou 1 decímetro (1 dm = 10 centímetros)

duzentos e trinta e um

Descobrindo figuras geométricas

1. Observe o desenho abaixo e tente encontrar o maior número de figuras geométricas "escondidas" nas linhas que o divide. Anote o nome e a quantidade de figuras encontradas. Veja o exemplo:

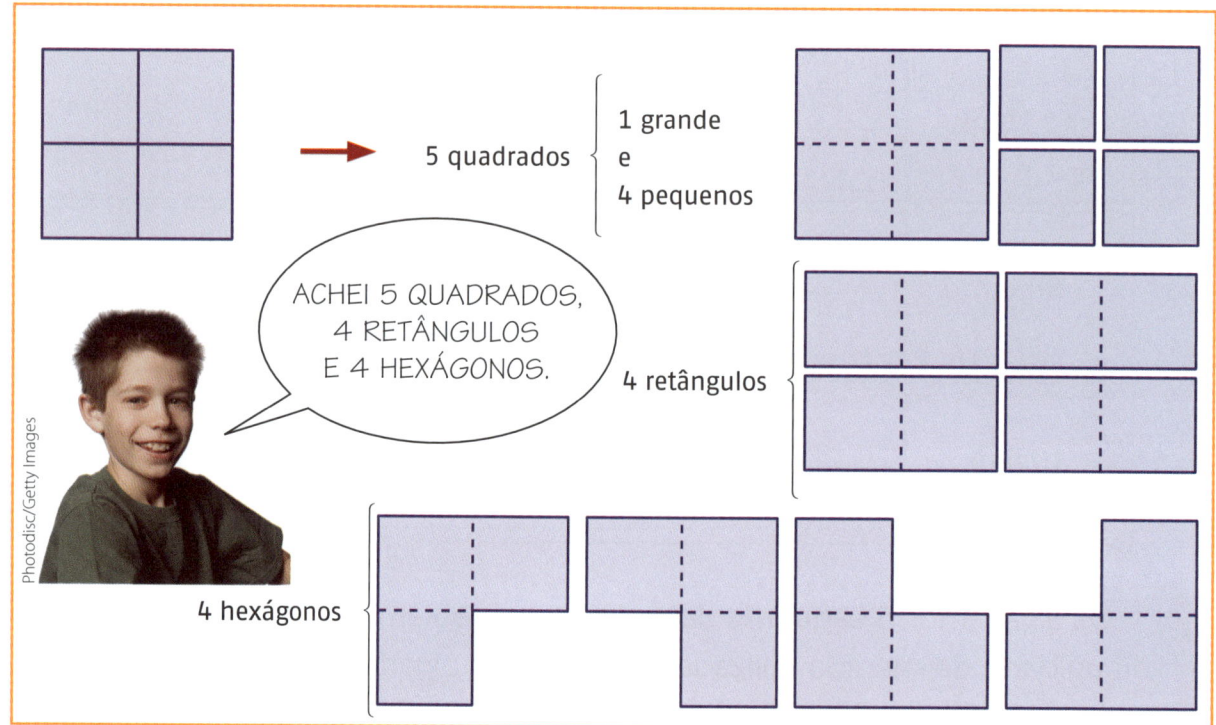

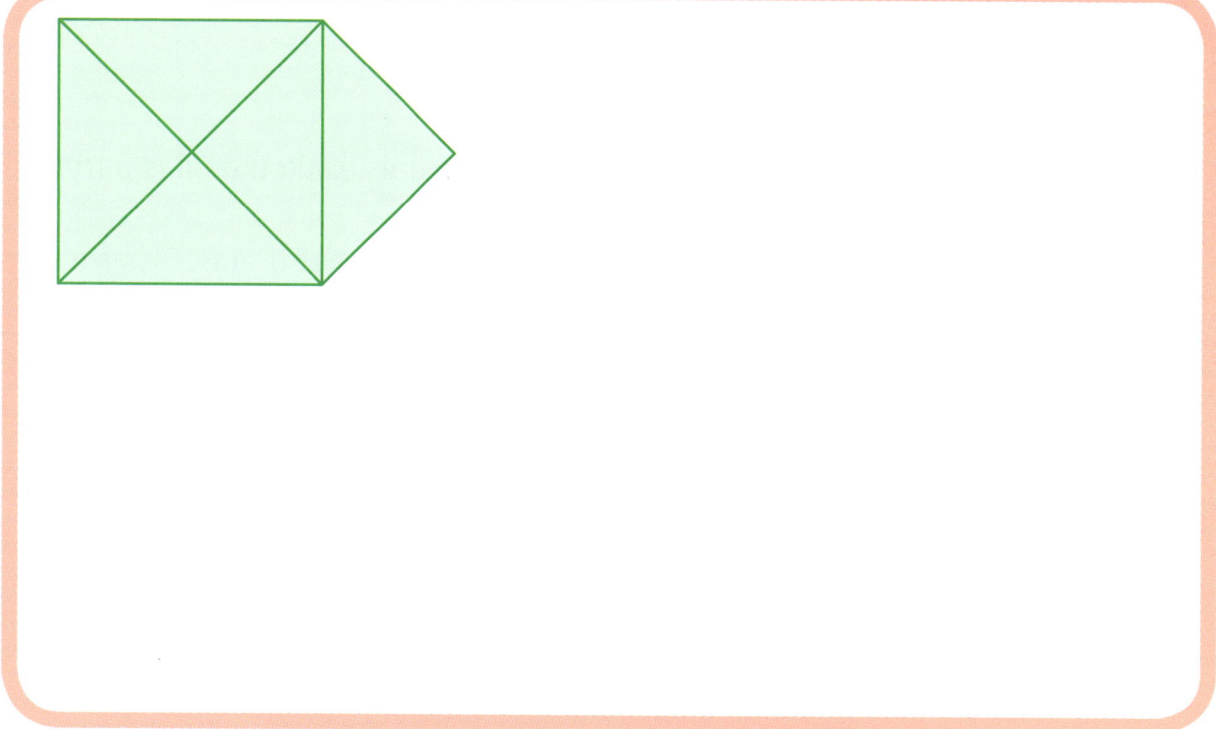

2. Quando colocamos azulejos ou lajotas em paredes ou pisos, em geral, utilizamos formas retangulares ou quadradas. Por que você acha que essas formas são as mais utilizadas para cobrir paredes e pisos? Converse com os colegas e o professor.

3. Observe alguns modelos de revestimento de paredes com lajotas de formatos diferentes que, juntas, compõem um "mosaico".

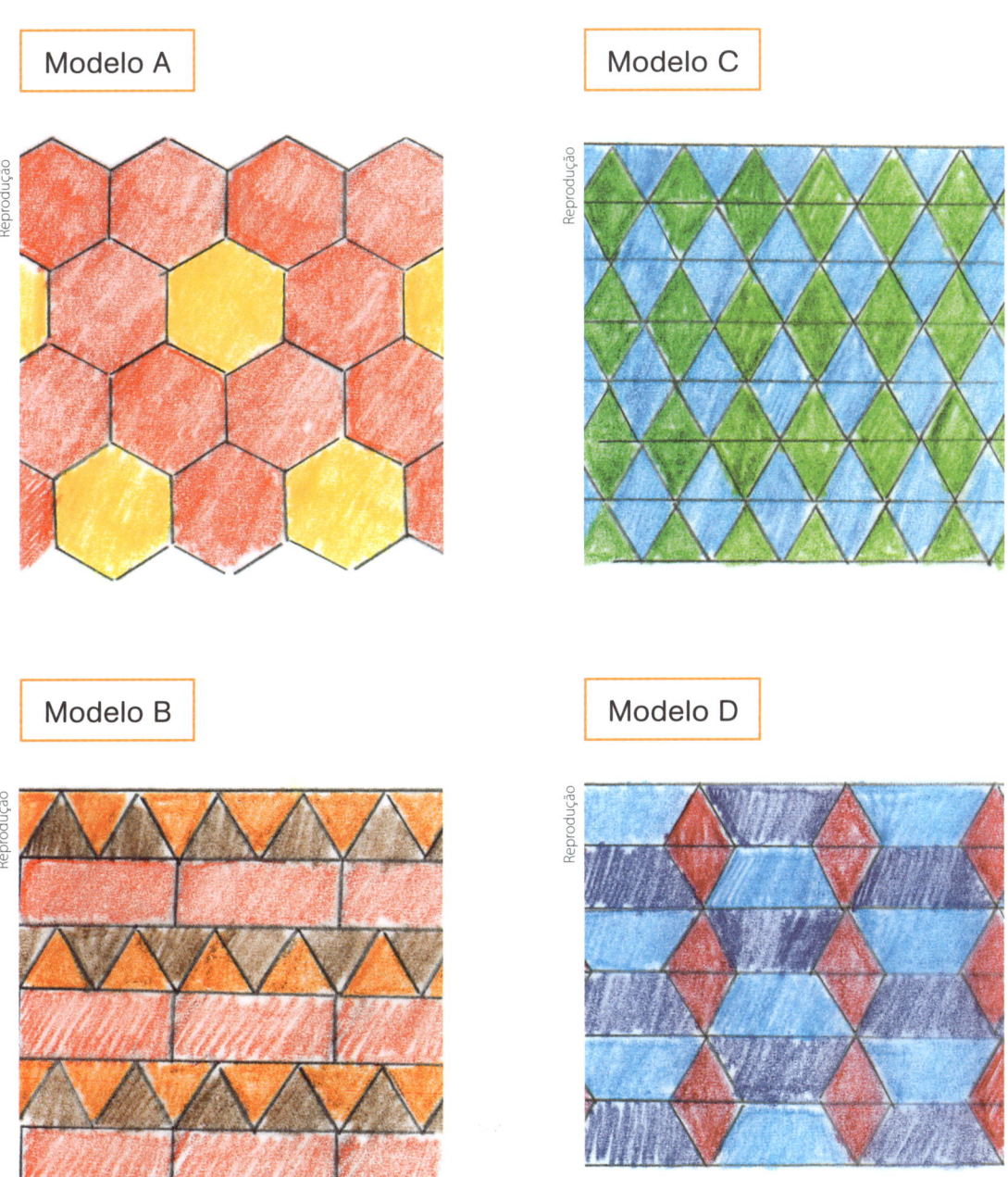

- Recorte as figuras da ficha 2 do material complementar e, em uma folha à parte, cole-as para construir um mosaico como nos modelos acima. Depois, exponha no mural da classe.

duzentos e trinta e três **233**

Conhecendo o jogo de xadrez

Você já ouviu falar de um jogo chamado **xadrez**? Leia este texto para conhecer um pouco sobre ele.

Um pouco de história

Você sabe jogar xadrez? Mesmo que sua resposta seja 'não', você sabe como é um tabuleiro de xadrez, não é verdade? Trata-se de um quadrado formado por 64 quadradinhos idênticos, alternadamente pretos e brancos.

Diz uma lenda muito antiga que o jogo de xadrez foi inventado na Índia [...].

Um rei, chamado Yadava, acabara de vencer uma importante batalha, mas nela seu filho Adjamir tombara morto.

Por causa disso, o rei tornou-se muito triste, preferindo viver recolhido em seus aposentos. Ali passava longas horas revivendo as manobras executadas por suas tropas, representando-as em uma grande caixa de areia através de traços, círculos e outros sinais.

Certo dia, o rei foi informado que um jovem chamado Lahur Sessa solicitara uma audiência. Ele dizia ter inventado um jogo que simulava uma batalha, especialmente para divertir o rei. Era o jogo de xadrez.

Após ouvir a exposição do jovem, o rei ficou entusiasmado e readquiriu a antiga alegria. Embora Lahur nada exigisse pelo seu invento, o rei insistiu que ele escolhesse como recompensa o que bem desejasse.

Fotografias: Albany Estudio

O inventor, então, diante da insistência do rei, numerou as casas do tabuleiro de 1 até 64 e fez o seguinte pedido:

> QUERO: UM GRÃO DE TRIGO PARA A 1ª CASA, DOIS GRÃOS PARA A 2ª CASA, O DOBRO DISSO (QUATRO GRÃOS) PARA A 3ª CASA, OUTRA VEZ O DOBRO DA QUANTIA ANTERIOR (OITO GRÃOS) PARA A 4ª CASA E ASSIM POR DIANTE, ATÉ A 64ª CASA.

128 grãos → 8
64 grãos → 7
32 grãos → 6
16 grãos → 5
8 grãos → 4, 12
4 grãos → 3, 11
2 grãos → 2, 10
1 grão → 1, 9
↑ 256 grãos

O rei achou muito estranho tal pedido. Intuitivamente, achou pouco. Afinal, oferecera ao jovem Lahur o que ele quisesse [...]

Quando, no entanto, os contadores do rei foram efetuar os cálculos para saber exatamente quanto se deveria pagar a Lahur Sessa, a situação complicou-se.

Verificaram que o total de grãos a serem entregues ao inventor era [...]

$$18\,446\,744\,073\,709\,551\,615$$

[...] Diz também a lenda que, diante do assombro do rei — que pela primeira vez na vida não poderia cumprir a palavra dada —, o inventor imediatamente abriu mão de seu pedido, alertando o soberano sobre a aparência enganadora dos números [...]

Nilson José Machado. Os poliedros de Platão e os dedos da mão.
São Paulo: Scipione, 1995. p. 13-17.

As peças do xadrez

Conheça o movimento de cada peça do jogo de xadrez!

1. REI: é a principal peça do jogo e se move apenas uma casa de cada vez, em qualquer direção.

4. CAVALO: os cavalos andam em "L" em qualquer posição, mas sempre totalizando 3 deslocamentos, sendo 2 numa direção e 1 em outra. Podem pular outras peças.

2. RAINHA: move-se quantas casas quiser sem "atropelar" nenhuma peça e sempre na mesma direção: horizontal, vertical ou diagonal.

5. TORRE: as torres andam apenas na horizontal e vertical, qualquer quantidade de casas, sem "pular" nenhuma peça.

3. BISPO: os bispos andam só nas linhas inclinadas, sempre em quadrados da mesma cor; o bispo que está numa casa branca anda nas casas brancas e o que está numa casa preta, nas pretas. O bispo pode andar quantas casas desejar, mas sem "pular" nenhuma peça.

6. PEÃO: os peões podem andar 2 casas para a frente, mas apenas na primeira jogada. Depois andam apenas 1 quadrado, sempre para a frente. No entanto, "comem" outras peças que estejam num quadrado à sua diagonal, ligado pelo vértice.

Quando o peão de um dos jogadores consegue chegar ao outro lado do tabuleiro, ele recupera uma das peças perdidas no jogo.

Gente que faz!

Jogo de Xadrez

Material necessário

- tabuleiro da ficha 1 do material complementar
- 2 grupos de 16 peças, fichas 13, 14 e 15, para cada jogador

Número de jogadores

- 2 jogadores

Objetivo

- Dar um "xeque-mate" no rei adversário, ou seja, derrotá-lo. "Xeque-mate" quer dizer "rei morto".

Modo de jogar

- Cada jogador dispõe suas peças assim:

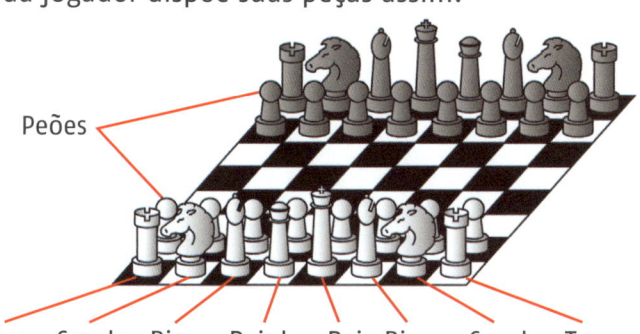

Peões

Torre   Cavalo   Bispo   Rainha   Rei   Bispo   Cavalo   Torre

- O jogador com as peças brancas começa, movendo um dos seus **peões**, ou o **cavalo**, que é a única peça que pode "pular" por cima das outras.
- O jogo segue, com cada jogador movendo uma peça de cada vez, de acordo com os movimentos específicos de cada uma.
- Quando uma peça movida cai sobre a mesma "casa" de uma peça do adversário, esta peça é retirada do jogo, ou seja, a peça do adversário é "comida".
- Vence o jogo aquele que conseguir armar uma cilada infalível para o rei adversário. A cilada deve ser avisada ao adversário com a palavra "xeque", para que ele possa se defender.
- Se o rei não puder escapar, o jogador faz "xeque-mate" e o jogo termina.
- Se for possível, combine com os colegas uma partida de xadrez!

Rede de Ideias

1. Resolva este problema e responda às questões.

Para decorar uma festa, Célia utilizou 350 flores. Dessas flores, $\frac{1}{5}$ eram rosas, $\frac{2}{5}$ eram flores do campo e o restante, margaridas.

a) Quantas rosas foram utilizadas? _____

b) Quantas flores do campo? _____

c) Quantas margaridas? _____

d) Represente com desenhos, na malha quadriculada, as frações que descrevem a quantidade de cada uma das flores utilizadas por Célia na decoração.

BIA

VOCÊ RESOLVEU UM MESMO PROBLEMA UTILIZANDO QUATRO OPERAÇÕES: ADIÇÃO, SUBTRAÇÃO, MULTIPLICAÇÃO E DIVISÃO.

2. Resolva este problema. Utilize diferentes operações e técnicas operatórias.

a) Um trem tem 15 vagões com lugar para 45 pessoas em cada vagão. Quantas pessoas cabem no trem?

Resposta: _____

b) Célia comprou uma máquina de lavar roupas. Deu R$ 250,00 de entrada e vai pagar mais três parcelas de R$ 150,00. Qual é o valor total da máquina de lavar?

Resposta: _____

_____

3. Descubra quem errou ao fazer o cálculo para resolver o problema e por que errou.

Uma loja está facilitando o pagamento de um computador em 12 prestações de R$ 127,00. Qual o preço final desse computador?

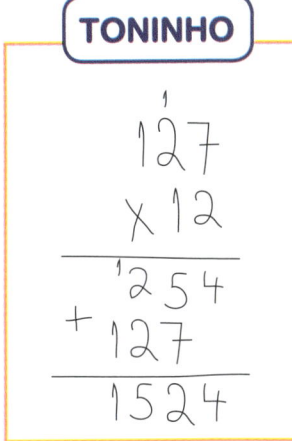

_____

_____

4. Resolva este desafio de lógica. Se necessário, faça desenhos.

Clarice adora gatos. Outro dia, disse ter visto, em seu jardim, um gato amarelo à frente de dois gatos, um preto atrás de dois gatos e um cinza entre dois gatos. Quantos gatos ela diz ter visto?

_____

AMPLIANDO HORIZONTES

VALE A PENA LER

O segredo dos números, de Luzia Faraco Ramos, Ática.

Os problemas da família Gorgonzola, de Eva Furnari, Global.

Formas, de Ivan Bulloch, Studio Novel.

Doces frações, de Luzia Faraco Ramos, Ática.

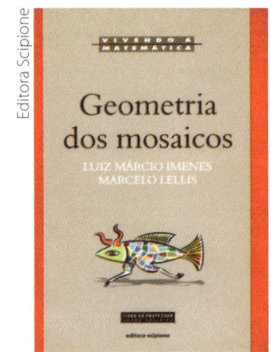

Geometria dos mosaicos, de Luís Márcio Pereira Imenes, Scipione.

JOGOS, BRINCADEIRAS, MÚSICAS E DIVERSÃO

- www1.uol.com.br/ecokids/jogos.htm
- http://smartkids.terra.com.br/
- www.canalkids.com.br/portal/index.php
- http://cienciahoje.uol.com.br/418
- www.palavracantada.com.br
- www.jangadabrasil.com.br
- http://www.ime.usp.br/~leo/imatica/programas/hanoi/index.html